PDCAは、4割回せばうまくいく！

「人・モノ・金」に頼らず
願った成果を最短で出す！

Makoto Tomimatsu
冨松 誠

Clover
クローバー出版

はじめに ～PDCAは、4割回せばうまくいく！

PDCAサイクルは、あなたがイメージしているビジネススキルではありません。「Plan（計画）」→「Do（実行）」→「Check（検証）」→「Action（改善）」のサイクルを回していく――言葉の意味は実にシンプルで、当たり前に人事なことだと誰もが理解しています。しかし、ちゃんと回せる人は少ない。当たり前過ぎて必要性を感じない人、始めてみたものの途中で挫折してしまう人がほとんどです。なぜでしょうか？

それは、方程式のように、こうすればこうなるという仕事の進め方、物事の進め方だと勘違いしているからなのです。

また、最大の理由は、PDCAサイクルについてきちんと学んだことがないということです。

読者の中には、「いや、そんなことはない」と反論する方もおられるかもしれません。しかし、あなたがイメージしているＰＤＣＡサイクルは、ビジネスの中で触れた一部分であり、本質ではありません。

実は皆さんは本質的なＰＤＣＡサイクルを、学生時代に体感しているはずです。成績を上げるにはどうすればいいか、部活で活躍するためにはどうするか。また受験勉強もその一つでしょう。挫折や諦めを経験することなく、常に高い成績を収めてきた人はごく僅かのはずです。目標に対して足りない部分をどう強化していくかという経験から得たものは、スキルやメソッドではなく、良い習慣だったのではないでしょうか。

改めて言います。ＰＤＣＡサイクルとは、あなたがイメージしているビジネススキルではありません。

ＰＤＣＡサイクルとは、習慣を変える最強の武器なのです。習慣改善が9割だとハッキリ申し上げておきます。だから、簡単なようで難しいのです。当たり前に大事なようでも当たり前にはできないのです。

このPDCAサイクルの本質をきちんと理解し、本書を読み進めてください。

読み進めていくと、今まで興味が薄かった人、挫折して諦めてしまった人でも、PDCAサイクルの重要性を再認識し、回せるようになります。回せるようになるから、仕事の生産性が劇的に変化します。仕事の習慣改善が日常生活へも大きく影響を与えていきます。

また、本書では、具体的な読者ターゲットを、中小零細企業の経営者や、部下をマネジメントする幹部に絞り込んで解説していきます。

理由は、**中小零細企業にスポットライトを当てたとき、8割、9割がPDCAサイクルを回していない、うまくいっていない**からです。

計画作成にチャレンジしたが、完成せずに挫折してしまった。計画は作成したが、実行段階で挫折してしまった。最初の1カ月は計画に取り組んだが、結局絵に描いた餅で終わった。

毎年作成しているが、義務感で作っている。こんな理由がほとんどです。

これは、今まで実際に、小さな会社の支援に多数携わってきた私の実感です。

それら小さな会社や立ち上げたばかりの会社には、精緻《せいち》な計画を作る人も、力も、時間もありません。尚更、ＰＤＣＡサイクルをろくに回したことがない初心者には厳しい条件です。社長や従業員は忙しく、新しいことに労力をかける余裕もない。

「俺はやらないけどな」と堂々と宣言する人がいるのも中小零細企業です。つまり、計画の精度以前に、決めたことを1年間運営する習慣などないのが中小零細企業なのです。

ＰＤＣＡサイクルは、「考えて、やってみて、振り返って、改善する」だけです。本来、難しいことは一つもありません。ズバリ申し上げれば、ＰＤＣＡサイクルは計画の4割回せれば現状は必ず変わります。逆に4割以上回そうとすれば、会社の存続自体に影響を与えることにもなりかねません。その理由は本書を読み進めていく中で気づかれることでしょう。

本書は、実際の中小零細企業で培った、ＰＤＣＡサイクルの回し方のコツをわかりやすく解説しています。

個人でお店を始めて3年目の女性、10年以上もの間、毎年計画を作成していたが、何も変わらなかった中小企業、親子3人の工場で初めて計画作成に取り組んだ社長、脱サラしてカフェを始めようと思った若者など、数が多いためすべては挙げられませんが、皆さんと同じような境遇の方が、PDCAサイクルを回して抜群の成果を上げています。

本書は、経営としての難しい知識ではなく、皆さんの先輩方が直面し、対応した現場の知恵がベースになっています。この本を活用することで、皆さんの仕事の習慣が変わります。習慣が変われば人生そのものも変わります。

では、4割PDCAサイクルの講義を始めて参ります。

目次

PDCAは、4割回せばうまくいく！

「人・モノ・金」に頼らず願った成果を最短で出す！

第1章

ＰＤＣＡはビジネスの最強の武器！

第2章

計画は「実行できる」ことが最優先！

第3章

実行には期限を必ず切る！

第4章

PDCAの習慣化は結果検証で9割決まる！

第5章

目標の4割でもやり切ると人も会社も変わる!

第1章

PDCAはビジネスの最強の武器！

01 なぜ、9割がP(計画)で挫折するのか?

「PDCAサイクルは、4割回せれば成功だと思ってください」

私がこのようなお話をすると、皆さん、大抵目を丸くして「それでうまくいったと言えるんですか?」と驚かれます。そして、「その程度で大丈夫ならうまくやれそうな気がします」、もしくは、一度PDCAを回そうとして失敗した方は、「完璧に回そうとして失敗しましたが、何とか4割くらいはうまくいったように思います」と言われるのです。

多くの社長や従業員の皆さんがPDCAサイクル(以降、PDCAと略します)に挑戦したことはあるが、うまく機能した試しがなく、途中で挫折してしまう——私が見てきた会社も9割近くが挫折しているのです。

その原因は何でしょうか。答えは実にシンプルです。

それには、大きく2つの理由が挙げられます。

一つは、計画（P）段階からの挫折。もう一つは、実行（D）段階での挫折です。

計画段階からの挫折は、計画そのものに問題がある場合が大半です。

実行段階での挫折は、計画自体には精度があるにもかかわらず、完璧を目指してしまったり、すぐに成果を求めてしまうことに問題がある場合が大半です。

▼計画段階から挫折する3つの原因

計画段階から挫折する原因は3つあります。

①作る目的を間違えている

②何をするのか具体策がない

③お客様のことを知らない

順を追って説明していきましょう。

①作る目的を間違えている〜目的は今の状態をより良くするため

そもそも、あなたはなぜ計画を立てるのでしょうか。「計画を立てるのが当たり前だから」と思っていませんか。次のチェックリストのいずれかに該当する方は要注意です。

□計画は売上予測だと思う
□計画は達成しなければ意味がないと思う
□計画はきちんとした書式でまとめなければならない
□銀行さんや税理士さんから言われるから作らないといけないものだと思う

■計画の目的は、より良くなるため

計画を立てる目的は、今の状態をより良くするためです。

今のまま自然にできることをわざわざ計画にする必要はありません。今のままやっていては難しいことを、時間をかけて実現させたいから計画を立てるはずです。

10年後に住宅を購入したいと考えれば、どのくらいの貯金が必要かを考えます。そして月々いくら積み立てていくかを決めると思います。そのために、日々の出費を節約する、収入を増やすために転職や副業を視野に入れる、といった検討をします。

普通に生活していては貯まらない金額を貯めるために、具体的に何をしていけばいいのかを考える。これが計画の目的です。

■予測は計画ではない

計画を売上の予測や予想と勘違いしている人が多いのも、PDCAに挫折してしまう理由の一つです。

予測や予想は、現状のままでいけばこうなるというものでしかなく、計画とは、「将来こうなりたいから、今からこうしていくという決意」でなければなりません。

たまに「売上高の予測がつかないので計画は作成していません」と言う方がいますが、論外です。そのような会社に限って、景気が良くなれば会社の業績も良くなり、景気が悪くなれば業績も悪くなるという状態を続けています。

先が読めない時代、目まぐるしく変わる不安定な環境であるため、予測が難しいのは確かです。「無理に計画を立てても意味があるのか？」と思ってしまうのも当然でしょう。

しかし、本来の計画の意味は、**「こうなるだろう」ではなく、「こうしていきたい」を考えて企画する**ということです。

ほぼ100％特定の取引先に依存しているからしんどい。ならば、他のお客様を開拓することはできないか。今日明日には無理でも、5年後には増やしたい。ならば、どんな行動を取ればそのお客様を開拓できるのか。このように考えていくことが計画なのです。

■計画が達成されなくても得るものがある

続いて、**計画で挫折してしまう最大の理由は、絶対に失敗できないという考えを持つことにあります。**

一方、計画の達成にこだわり過ぎるあまり、それが転じて、計画が達成できるかわからないので作らないという考えになる方もいます。

計画は達成するために作るものだという考えはもちろん正しいです。しかし、計画を立てる本当の目的は、今の状態からより良くなるために、どんなことをするのかを企画することです。

計画を立ててもその通りにいかないから立てる意味がないのではなく、そもそも、計画はその通りにいくことなど稀《まれ》なのです。本章のはじめに書きましたが、計画の4割うまくいけば大成功と考えてほしいと思います。それとは別に、計画の過程で得た経験や知識は次の糧《かて》となっていきます。

■計画書の書式は何でもいい

重要なことは、計画書のきれいさではなく、計画後の行動にあります。

計画はきちんとした書式でまとめなければならない、会社で作るのだからきちんとした書式でまとめておかないと格好がつかない。そんなことは全く気にする必要はありません。きちんとした書式にこだわり、いつしか書式を埋めることが目的になっていたり、経営理念やビジョンは何であったか、内部環境はどうか、外部環境はどうかなど、考え過ぎるあまり、まとまらずに投げ出してしまったり行動に移せないのでは本末転倒です。

私が関わったお客様でも**もっともシンプルな計画書は、A4用紙1枚のものでした。**受注拡大の可能性があるお客様の名前と、月に何回訪問するか、それによっていくら売上高を獲得するか。これだけです。

1週間で作成した計画書でしたが、今の状態からより良くなるためという計画の目的を理解していたため、売上の増加に必要なことをシンプルにまとめ、受注拡大の可能性があるお客様を毎月訪問するとだけ決めて実行した結果、1年後に見事目標の売上高を達成しました。

■本当に計画が必要と思えるか

計画は自ら考えて、こうしたいというものでなければ絵に描いた餅です。銀行さんや税理士さんから言われるから作りましたという方もいますが、ハッキリ言って形だけ整えた計画書に意味はありません。

もちろん、きっかけは銀行さんや税理士さんからの一言でしたが、作成していく中で、自ら考えて良い計画になったケースも少なくありません。

作る前に計画を立てる意味を考えてはいかがでしょうか。

②何をするのか具体策がない～「明日から何をするのか」に答える

多くの計画には、行動計画がありません。行動計画がないということは、何をするのかが具体的に決められていないということです。だから何もしないし、できない。

計画には行動計画が必須です。行動計画とは、「明日から何をするのか」という問いに答えるものです。先の例であれば、何月にどこの取引先を何回訪問する、というものがそれに当たります。こうした具体策なくして計画は機能しません。

行動計画がない計画で多く見かけるのが、「シミュレーション型」と「かけ声型」の計画です。

■シミュレーション型の計画

数値が並んでいるだけでは具体的に何をするのかがわからず、動けません。行動計画がなく数値だけが並んでいるものがシミュレーション型の計画です。

定番のものは、3年前の実績から直近期、1年後、2年後というように数値が並んでいます。これが、一応は数値計画と称されています。

売上高が毎年10％アップしたらとか、どこどこのコストを削減したらと言いますが、その背後に具体策がありません。ただ、売上高が毎年10％アップしたらこんな数字になるという表です。これは計画と言えるものではなく、シミュレーションでしょう。あるいは、業績予測。来年は、これこれという案件があるから10％は伸びるかなというのは、予測に過ぎません。結局、予測が当たったのか外れたのかしか判断できません。

計画と称するのであれば、数値の裏に具体策が必要です。売上高を10％伸ばす計画であれば、「どういう方向性・方針（例えば、新商品を開発する、新規顧客の開拓を行う、既存顧客の深掘りなど）」を、「こういう段取り」で行うという行動計画が必要です。そうした行動計画を実行した結果、こんな数字になるという数値計画があるわけです。

■かけ声型の計画

計画は、明日から何をすればいいのかがわかる計画であれば機能します。一方、明日から何をすればいいのかがわからない計画であれば機能しません。

かけ声型の計画は、数値のシミュレーションで終わらず、もう少し踏み込んでいます。どういう方向性・方針くらいまでは示しています。ただ、「新規顧客を開拓する」という程度で止まってしまっているのです。

シミュレーション型計画にしても、かけ声型計画にしても、肝心な「明日から何をすればいいのか」に答えることができていません。そのため、実行段階になった際に、何をしていいのかわかりません。やることがわからないので、仕事のパターンが変わりません。仕事のパターンが変わらないから、結果も変わらない。

数値だけの計画と具体的な行動だけが示された計画、どちらか一つを選ぶとすれば、間違いなく後者でしょう。前者は額に入れて飾るくらいしか役に立ちませんが、後者は行動変化のきっかけとなります。行動変化が起きれば、何らかの反応が生まれるため、成果が期待できます。

■実行の段取りをイメージできているか

そこで考えたいのが実行の段取りです。

方針を書くのは簡単ですが、実行が難しい。一生懸命考えている会社でも、結局かけ声型で終わってしまうケースが多々あります。

大きな理由は、書いている本人が目標に向けた段取りをイメージできていないことにあり

ます。「新規顧客を開拓する」という方針に対して、どのような段取りが必要なのかを説明できるようにすることがポイントです。

ある会社では、小売事業と卸売事業の2つの事業を営んでいました。社長は2つの事業について、それぞれ売上高の増加を目指した行動計画を作成しました。小売事業については、売上高増加のために、来店客数と客単価の目標値を設定し、それぞれを増加させるべく細かな施策を設定していました。

一方、卸売事業については、新規取引先を開拓するという方針だけで、具体的な施策に乏しかった。確認してみると、社長は父親から会社を継ぐまでは、小売事業で仕事をしていました。そのため、小売事業の施策についてはイメージができているが、卸売事業についてはよくわからないことが多かったのです。

卸売事業の売上高を上げる、新規取引先を開拓する。こうした方針を掲げるのは簡単です。決して間違ったことを言っているわけではないし、もっともらしく聞こえます。しかし、深く聞いてみると具体的な段取りがイメージできていない。だから具体的な行動に移せない。

新規顧客を開拓するために、いつ、誰が、何を、どのようにして、どういう成果を求めるかを考えていくことが大事です。ここまであって、初めて実行段階で活用できる計画になるのです。

③お客様のことを知らない～テストマーケティングが重要

商売は、相手にその商品が欲しいと思わせなければ成り立ちません。

それなのに相手のことをよく知らないのであれば、いくらアプローチしても「そんなものはいりません」と言われるだけでしょう。

しかし、中小企業に関わる中で、社長や従業員がお客様やライバルのことに詳しくないと感じることがよくあります。

「このお客様はどんな方ですか？」「このお客様はどうしてうちに注文をくれているのですか？」「ライバルはどこですか？」「ライバルに比べて勝っている点、劣っている点は何ですか？」と聞いてみても反応が薄い会社が少なくありません。

計画を作成する時点で、考えておくべきことがあります。

それはテストマーケティングの重要性です。6割の成功がイメージできるのであれば試してみる。その際、お客様やライバルのことを知っているほど、成功の確率が高い具体策を立

てることができます。

■ 片思いが強過ぎるとミスマッチを起こす

「うちのお客様はこんなことを望んでいます」と言う社長でも、実行段階でお客様の望みが違ったというケースがあります。実際の現場では、実行した結果を分析してみると、当初の計画で考えていたお客様像が変わってきます。

お客様はこんなものが好きだろう、こんな販促活動をしたら振り向いてくれるのではないかと、あれこれ計画します。しかし、実行に移してみると、つれない反応であったり、予測していなかったところに反応されたりと、こちらの片思いだったことがわかります。

あるお菓子屋さんは、新商品の開発を得意としていました。これまでは、場当たり的に販売促進活動をしてきたため、「今回は売れた」「今回は売れなかった」ということを繰り返してきました。

そこで、より効果を上げるために計画作成に取り組みました。目玉は、新しい原材料を活用した商品です。この原材料の特徴は、従来のものと比べて低カロリーなので、カロリーを気にする女性には嬉しい商品です。また、従来の原料はアレルギー物質を含んでいましたが、新しい商品はアレルギー持ちの方でも食べられるものでした。

このように、これまで新商品の開発は社長が気に入った材料が先にあり、お客様のニーズは工場の中で後から考えるというやり方でした。そしてそのニーズを検証することなく、思い込みで開発を続けていました。そのため、新商品の数の割にはヒット作に恵まれないという状態がここ数年続いていたのです。この点も社長の悩みでした。

商品を開発した後の追跡もしていませんでした。どこが良くてどこが良くなかったのかということを振り返る習慣がなく、売れなければ「売れなかったか」と次の商品展開に思いを馳《は》せるだけでした。

そこには、仕事に対する社長の考え方も影響していました。

社長が小売店の店頭に立つことは稀《まれ》でした。あくまで工場でお菓子を作ることが職人社長の主たる仕事であり、店舗はパートさんに任せていました。「良いものを作れば売れる」という考えからです。

今回も社長は、原材料の良さや自分の考えるお客様のニーズを熱心に説明していました。「健康に良い」「低カロリーで女性に優しい」「アレルギーの方でも食べられる」などです。

カロリーを気にする女性が手軽に食べられる、アレルギーを持つ子供の親が買うのではないか。開発の前から社長には成算《せいさん》がありました。

しかし、それはあくまで社長が考えているだけであって、店を訪れるお客様がどう考えているかはわかりません。これまでも、片思いに終わったことが少なくありませんでした。そこで裏付けを取るために、パートさんや常連のお客様にどんなお菓子が欲しいか、アンケートを取ることにしました。これまで一人で黙々と開発を行なってきた社長にとっては初の試みでした。

■お客様の反応が計画作りの命綱

結論として、想定していたニーズはありませんでした。

アンケート結果は、社長の想定外のニーズを示していました。このことは社長の考えを変える大きなきっかけとなりました。

アンケート結果に衝撃を受けた社長は、翌日から時間を見つけて店頭に立つようになりました。お客様がどんな商品を手に取るのか、お客様がどのようなことをおっしゃるのかを知りたくなったからです。

今後の改善に役立てるため、効果を測定できるように記録を取るようにもしました。販売データが今までのレジでは個別に出なかったため、商品ごとのデータが記録できるPOSレジも導入しました。

チラシも、配布枚数の記録や、お客様が持参した際に、どこの地域の方かわかるような目印を付けるようにしました。とにかく、どのような形でもいいのでお客様の反応を知りたかったのです。

こうした取り組みを開始して1年が経過しました。定期的に購入してくれていた大口の法人顧客がなくなったため、売上高は前年比97%となりました。一方、粗利益は前年比131%と増加しました。大口ですが利益率の低い法人売上が減る反面、利益率の高い個人客の売上割合が増加したためです。

アンケートの結果、特に「記念日に大切な家族と食べる和菓子」が好評でした。シーズンごとに季節性のある新商品を展開するとともに、敬老の日にはおじいちゃんやおばあちゃんの似顔絵入りの饅頭をオーダーメイドで対応するなど、個人客の取り込みが成果につながりました。

「もし、この取り組みをしていなかったらどうなっていたか」と社長は言います。

社長は今も店頭に立ち、お客様から情報を収集しています。加えて店内を回遊するお客様の様子から、陳列位置やディスプレイにも気が回るようになり、売場改善も進んでいます。

■ライバル店を見に行ってみる

ライバル店を見ることも改善のヒントになります。

自社の中にいれば、ついついそれが当たり前と思うことが、実は当たり前ではなかったことを気づかせてくれます。そうした気づきが、改善のヒントにつながります。

私のお客様のお店の話です。そのお店では500円で売っているサボテンと似たようなサボテンが、百貨店では2000円で売られていました。物が違うのではないかと思い、社長に見てもらうと、サボテン自体のクオリティはあまり変わらず、植木鉢が良いようでした。ではそのような鉢が仕入れられないのかというと、そんなことはありません。

確かに百貨店ブランドで高く置けるのはわかりますが、それにしても4倍というのは、こちらに落ち度があるのではないでしょうか。百貨店ほどではありませんが、こちらのお店もなかなかの立地にあるのですから、もっと単価の高い物を売れるのではないか。そうしたことに気づかされ、改善のきっかけとなりました。

他の店も覗いてみましたが、良い店は演出もうまい。ディスプレイも凝っています。このディスプレイは作れそうだと、一緒に行ったメンバーが写真を撮っていました。店員の接客を熱心に受けるスタッフもいました。どのような立ち居振る舞いか、どのような説明か、こちらの問いかけにどう対応してくるか。

ライバル店を見ると、掛け値なしに判断ができます。あそこは良い。あそこはダメ。ハッキリと見えてきます。

一方、自分のお店のことになるとトーンダウンします。あそこはダメと言いたいが、実はこういう事情があって、仕方なしにこうしているとか、昔からこうだったとか、後ろに解説が付く。しかし、そんな事情はお客様の知ったことではありません。

どうしてもできないことはあります。しかし、**「仕方がない」から始めるのではなく、「何とかできないか」から考える必要があります。**そのためにも他所を見る。意外な工夫が隠れているかもしれない。自分達には思い付かない発想があるかもしれない。自社の中だけで考えていてもアイデアは出てきません。

■自社のライバルを都合良く決めない

都合良く、自社のライバルを決め付けていないでしょうか。

自分が勝てると思うライバルを取り上げて、うちの製品の方が優れていると勘違いしていませんか。「うちは特殊なものを扱っているのでライバルがいない」と豪語する方がいます。しかし、本当にライバルがいないのなら、儲かって仕方がないはずです。

ブラシを製造しているあるメーカーの話をします。

社長は、うちで作っているブラシは特殊な形状なので、一般的な製品とは競合しないと豪語していました。一般的な製品に比べて価格が3倍ですが、それは関係ない。同じ形状の製品で見ると、うちの製品は品質が違う。他所の製品はうちのを真似したものだから、そんなに良くないと言います。

その形状の中では品質が良くても、お客様は一般的なブラシとも比較するんじゃないですかと尋ねても、うちのは特殊な形だから比較されないと言います。

でも売上高は3年間で半減しました。品質が良いのになぜなのか。その形状では一番じゃなかったのか。

卸先のホームセンターに答えはありました。ブラシコーナーに一般的なブラシと一緒に並べられていました。お客様は一般的なブラシと比較して、結局ライバル製品を購入していました。やはり一般的なブラシとも競合していたのです。

このように、何がライバルかはお客様が決めます。

製造だけを行なっている会社は、自社の商品が売場でどんな扱いを受けているかを見に行くといいでしょう。全国チェーンのスーパーに納入しているといっても、売場に行ったら端の方に追いやられていたというケースもあります。大々的に売り出されている他社商品がある。どのように売られているのか、お客様はどのように手に取られるのか。そうした反応を見ることが明日の売上高のヒントになります。

02 コンサルタント活用の失敗から探るPDCAの要諦

世の中には、経営計画の作り方を教える書籍やセミナー、研修が数多く存在します。経営コンサルタントの多くは、計画作成の指導をしてくれます。しかし、うまくいかないことも少なくありません。それは**コンサルタントの使い方に問題がある場合が多い**のです。

例えば、次のような考えを持っていないでしょうか。

- □ **コンサルタントにお願いしたら、うまく作ってくれる**
- □ **有名な先生にお願いした方が、うまくいくと思う**
- □ **計画がきちんとできれば、実行できる**

計画の策定において、コンサルタントを使うことは有効です。客観的な意見や、進め方についてのアドバイスは計画作成の役に立つでしょう。しかし、コンサルタントの使い方を誤れば、せっかく高いお金を払ったのに……という結果になりかねません。

コンサルタントを関与させるに当たって、気をつけるべき点が3つあります。

▼コンサルタントの有効活用・3つのポイント

コンサルタントを有効に活用するには、3つのポイントがあります。

①自分達主体で作成する
②身の丈に合ったコンサルタントを選ぶ
③作成はイベント、実行は習慣であることを知る

順を追って説明していきましょう。

①自分達主体で作成する

計画は自分達主体で作ることです。

物事がいきなり計画通りにうまくいくことはありません。計画段階では考えていなかったイレギュラーなことが頻発《ひんぱつ》します。そのため、実行段階では、実行結果を振り返りつつ軌道修正をしていくことが必要になります。その際、自分達主体で作った計画であれば、その内容を理解して軌道修正ができます。

経営コンサルタントの多くは、計画作成の指導をしてくれます。場合によっては計画作成に役立つ詳細な分析を手伝ってくれ、今後の方策についてもアドバイスをしてくれます。自分一人ではフォーマットを埋めることにも苦労しますが、コンサルタントがうまく引き出してくれて、文章もわかりやすいものになります。

このように、複雑な計画作成を手取り足取りサポートしてくれます。会社の規模や進め方にもよりますが、3カ月から半年もあれば、納得度の高い会社分析も具体的な行動計画も揃った計画書が手元に存在しているでしょう。この計画を実行していけば、会社が良くなると思い、意気込んで開始したものの、そこには意外な落とし穴が待っています。

それは、計画通りにうまくいかなくなったり、計画の内容もいざ実行段階になれば、「これって何だっけ？」という項目が出てきたりすることです。コンサルタントの先生に言われているときは、その通りだと思っていても、いざ自分が動くとなるとイメージが湧かないことが多々あります。

計画作成におけるコンサルタントの役割は、自転車の補助輪のようなものです。そうした支援を受けて計画がスムーズに作成されていくと、何となくできる気がします。

しかし、いざ補助輪を外すと自転車に乗れない自分に気づく。自転車の補助輪を外したときのことを思い出してみてください。補助輪が付いているのと付いていないのとでは、難易度が格段に違います。子供時代に経験する試練の一つかもしれません。何度も転びながらようやく習得できるのです。

コンサルタントに支援を受けた計画を、実行できていない会社は少なくありません。補助輪を外されたのだから当然でしょう。特に、計画作成のほとんどをコンサルタントに頼っていた会社は重症です。

そのようなことにならないために、**計画は自分達主体で作るべき**なのです。

コンサルタントからどうまとめるか、どのような考え方があるのか、他所はどんなことをしているのか、そういったヒントを得るのは良いのですが、コンサルタントに行動までを考えてもらったり決めてもらうことはお勧めしません。

振り返りの段階で、自分達の今後の行動を再考し、決めていかなければなりません。補助輪が付いている間に、行動についての考え方や決め方をコンサルタントにぶつけてみましょう。そうして、考え方や決め方を習得してください。

②身の丈に合ったコンサルタントを選ぶ

あなたの会社の身の丈に合ったコンサルタントを選ぶことが重要です。

有名なコンサルタントや、輝かしい実績を持つコンサルタントが良いわけではありません。判断の目安は、どういう会社を支援してきたかということです。小さな会社であれば、小さな会社で実績のある人を選ぶ方がスムーズに進みます。

コンサルタントは様々な分析や手法を使い、中小企業の課題や問題点を導き出します。そして、その課題や問題点に対する解決策を示して、こうすれば会社が良くなりますよと提案してきます。社長も、こうすればいいのかと思って着手しますが、うまくいくケースは少数です。

原因として、**中小企業にはコンサルタントから示された解決策をやり切る力がない場合が多いことが挙げられます。**時間がない、人がいない、気が乗らない、やり方がわからないなど、理由は様々ですが、こうした問題を無視して見かけだけの解決策を示してもうまくいきません。この解決策を実施するに当たっての問題点や課題は何か、というところまで話し合っておく必要があります。

二次関数の問題が解けない生徒に、こうすれば二次関数が解けるよと解法を教えます。そのときは生徒もなるほどと思っていても、いざ自分一人で解いてみると解けません。なぜなら、生徒は掛け算の九九すらきちんとマスターしていないから――。

このような生徒に二次関数の解き方を何度教えても意味がありません。マスターできていない掛け算の九九から順に積み上げていく必要があります。

ある製造業の社長が、取引先の開催する製造現場の勉強会に参加したときのことです。世界に名高い大手企業の出身でどこそこ大学院のＭＢＡを持つ、著名な先生が講師を務め、自身の理論を解説して実際に現場に取り入れるという内容でした。

しかし、その会社の従業員には、先生の理論は難し過ぎてちんぷんかんぷんで、現場の従業員もほとんど理解できておらず、結果として何一つうまくいきません。それに対して先生は、「うまくいかないのはあなた達の理解力が低いからだ」と叱りつけるばかり。見ていた社長は、これはダメだと思い参加しなくなりました。

そもそも、大手企業が行なっているような高度なことや経営の手法が「わからない」「できない」は、中小企業によくあることです。**会社の実情に合わせた、「わからない」「できない」にとことん向き合ってくれるコンサルタントを選ばなければ、付き合うのは大変です。**

小さな会社であれば、小さな会社の現場を、中くらいの会社であれば、中くらいの会社の現場を知った人に支援してもらうことをお勧めします。

③作成はイベント、実行は習慣であることを知る

計画の実行には、計画作成だけでなく、仕事の習慣作りも必要になってきます。

具体策をどうするか、振り返りをどうするか。そのように具体的に何をするかをきちんと盛り込み、実行段階のイメージが湧いていることが重要です。

計画は作成そのものがゴールではありません。むしろそこから実行という長い道のりが続いていきます。計画作成は計画の完成という目に見えたゴールがあるイベントですが、実行は日常業務の中に組み込まれた習慣です。

極端な言い方をすれば、**計画そのものの精度よりも、仕事の習慣をいかに作るかの方が、PDCAを回す上で大きな課題になります。**

小さなことでも、新しいことを始めて続けていくのは大変です。普段運動をしていない人が、毎日5分、自宅の周りをウォーキングするだけでも、それを続けるにはかなりの根気がいります。

気合だけではうまくいかないものなのです。

できないことでも、コンサルタントは話のうまい人が多いので、話をしているとやれる気になってくることがあります。

そのため、本当にできるのか？　実行可能な計画なのか？　と問い直すことです。他人が書いた緻密な計画よりも、本人が悩んで書いたたった1枚の行動計画の方が成果につながります。

▼実行段階で挫折する3つの原因

実行段階で挫折する原因は3つ考えられます。

①完璧を望む
②すぐに成果を求める
③振り返りがない

順を追って説明していきましょう。

①完璧を望む〜4割うまくいけば結果が出る

まじめな人ほど、うまくいかないことを気持ち悪く感じます。

完璧を求めて動けないという人も少なくありません。「計画は立てたが、うまくいかなかったらどうしよう」と動けなくなる人もいます。

確かに動かなければ失敗を経験しなくてすみます。しかし、やらなければ何も生み出されません。**完璧を求める必要はありません。不細工でも前に進むことが重要です。**

■ 4割うまくいけば結果が出る

率直に言って、**当初考えていた計画のうち、4割できたら結果が出るものです。**

もともと考えていた施策が10個あるとすれば、4個満足のいくレベルでできれば、何らかの結果が見えてくるはずです。

何度も言いますが、物事が計画通りに進むことはあまりありません。実行段階に移った計画は、真っすぐには進んでくれません。しかし、それでいいし、そういったものです。

そもそも、計画を立てて自然にできることであればわざわざ計画を作る必要はありません。自然にしていてはできないことをできるようにするために、計画に取り組む。だから思い通りに進む方が珍しいのです。

■完璧にできないことを言い訳にしない

完璧でないことを理由に逃げてはいませんか？

計画は変更を前提としたトライアル&エラーの繰り返しです。完璧にできないことの方がほとんどです。ですから、次の変更に向けて、どんどんヒントを収集していくのです。

10個あって4個しかできていないと考える人もいるでしょう。その考え方は正しい。しかし、世の中には、4個しかできないのだったら1個もやらないというオール・オア・ナッシングな方がいます。妥協をしないという精神は尊重しますが、うがった見方をすれば、完璧でないことを理由に逃げてはいませんか？　と聞きたくなります。

また、結果という言葉を、短絡的に売上高や利益と捉えては進歩がありません。結果をもっと大きな意味で捉えることです。一つも売れなかったということも結果です。**動いてみた結果、一つも売れなかった。ならば、どうするのか。販売の仕方が悪かったのか、そもそもその製品に需要がないのか。次の一手を考えるヒントになるでしょう。**

仮に、30代の男性サラリーマンをターゲットに計画していたが、実際に来てくれたのは女子大学生だった、という飲食店はどうでしょう。こういう想定外のケースは面白い。自分達は30代の男性サラリーマンを想定していたのに、若い女性が反応してくれたわけです。

一体、何が原因だったのでしょうか。

ここからも新しい作戦のヒントが生まれるはずです。もしかしたら、女子大学生向けのプロモーションがうまくなるかもしれません。女子大学生向けのメニュー開発が進むかもしれません。10個中4個満足のいくレベルでできれば、次のヒントを得ることができます。

ただし、実行できたことが1割、2割では少な過ぎます。ほとんど有効なヒントが得られない可能性があります。また、多くを目指し過ぎても息切れしてしまいます。

まずは半分、とにかく4割はクリアしてください。

■そもそもPDCAは、変更ありきの考え方である

完璧な計画はありません。計画は状況に応じて修正を加えていくものだからです。

最初から計画は変更ありきで考えるべきです。金科玉条《きんかぎょくじょう》のごとく守るものではありません。世の中やお客様、場合によってはライバルの動きなど状況に応じて、スケジュールを変更すればいい。やってみて効果が薄いことはやめればいい。こちらの方がよいと思うことが

あれば、積極的に導入すればいい。

ＰＤＣＡは、「Ｐｌａｎ（計画）」→「Ｄｏ（実行）」→「Ｃｈｅｃｋ（検証）」→「Ａｃｔｉｏｎ（改善）」のサイクルを回していくことです。**このサイクルが秀逸なのは、Ｃｈｅｃｋ（検証）とＡｃｔｉｏｎ（改善）が盛り込まれている点にあります。すなわち計画作成の段階から、検証して見直しを行うことを前提にしているわけです。**

詳しくは第2章に譲りますが、情報を収集して、テストをしてみて、それを判断する期日を設けるという行動計画もあります。わからないことをうだうだと考えるのではなく、妥協した決定を下すのでもなく、今は決めない「Ｎｏ Ｄｅａｌ」という考えも大事です。

その代わりに期限を切ります。決めた期限に意思決定ができる状態にするためには、どんな行動が必要かを計画する。期限が来たら判断するという施策に基づき、以降の計画に修正を行う。このように、修正をする時期を指定した計画もあります。

結局のところ、作る力より、変更の必要が生じた際の対応力が重要になります。

私はＰＤＣＡのコンサルタントをしています。もし、立てた計画のチェックをするだけならとても楽でしょう。チェックリストのようなものを作り、「できてますね」と確認するだけであればです。

しかし、そうはなりません。

作戦の変更やスケジュールの見直しは日常茶飯事で、意思決定に対するアドバイスを求められることも少なくありません。計画をそのまま進めれば、お客様に損失が出る可能性もあります。**当初の計画を遵守していればよいというものではないのです。**

また、そもそも物事が計画通りにいくのであれば、社長は仕事をしなくてもいいのではないでしょうか。年頭にこれが今年の計画ですと従業員に渡していれば、あとはスムーズに流れて達成できるのですから。

しかし、現実はそうはいきません。イレギュラーなことが起こるから社長の出番があります。

もちろん、イレギュラーなことが起きても対応できる組織を作るという方法もあります。従業員達でイレギュラーなことに対応できる組織であるならば、同じく社長の出番がなくなります。ただ、中小企業でその組織体制を作るのは、非現実的です。

とにもかくにも、**中小企業では社長がイレギュラー対応を担います。**

そして、それが社長の担う大事な役割の一つです。**計画通りにいかないからこそ、社長の出番がある。**そのくらいの心構えで挑んでほしい。

世の中は複雑怪奇。なぜ計画通りにいかないのだと思わずに、また自分の出番が来たかと思えるくらい図太くなりましょう。

②すぐに成果を求めるのは危険〜PDCAの極意は小さな習慣を作ること

計画を立てたらできると思うことが、そもそもの誤りです。成果を出すためには、今の仕事の習慣を変えなければなりません。

そして、その変化はすぐに起こせるものではなく、時間をかけて定着していくものです。

そのため、すぐに成果が出ないと考えれば、やめるという判断になりがちです。

計画書は書くのは簡単ですが、実行が難しい。計画に取り組んでいる会社は、それを熟知しています。実行可能な計画を作れば、スムーズに実行に移すことができると安易に思ってはいけません。

時間をかけて、根気強く定着を図る気持ちが必要です。

■PDCAは習慣を変えること

人は馴染んだ習慣の方が心地がよいものです。その馴染んだ習慣を変えたくないという意識が、計画の実行に当たって大きな障害となります。何か新しいことを始めるには、馴染みのある習慣を変えることになる。これを理解しておかなければPDCAの定着は難しくなります。

同じ習慣の方が心地よいのはなぜでしょうか。

まず楽です。いつもの時間に起きて、いつもの時間に家を出て、いつもの道で駅に行き、いつもの電車に乗って会社に着く。会社に着いたらいつも通り、パソコンの電源を入れて自動販売機にコーヒーを買いに行く。このように、特に深く考えなくても自然と段取りができています。

予見可能性という点もあるでしょう。この時間に家を出て、この道を通れば、この電車に乗れるという予測がつきます。いちいち調べたりしなくてもわかるし、別の道を通って、間に合わないかもしれないと不安になることもありません。

習慣は、これまで培った知恵のかたまりです。だからそれを変えることには、意識して新しいことをしなければならない面倒くささと、変えた場合にうまくいくのかという不安が付きまといます。

会社を含めた組織は、個々の習慣の集合体とも言えます。

各部署やポジションにはそれぞれの習慣が集まり、機能しています。営業部は営業部の、製造部は製造部の、これまで蓄積してきた知恵を持っています。各部署で日々の仕事が回りやすいように、工夫が習慣化されています。

各部署が習慣化されているため、他の部署から見た予見可能性があります。営業部から見れば、自分達がどのタイミングまでに報告を上げれば、経理部の怒りを買わないかを知っています。製造部に厄介事を持ち込むのであれば、どの段取りの際に持っていくのがベターなのかを把握しています。会社では一人で仕事をしているわけではないため、お互いの習慣が影響し合っています。

このような会社の中で、習慣を変えるのは一苦労でしょう。

営業部が習慣を変えた結果、製造部の習慣に影響を及ぼす。あるいは、経理部の仕事の流れに乱れが生じるかもしれません。

製造部はこの仕事の流れを変えることで、生産性が向上すると考える。しかし他の部署から、今までの流れを変えられると、こちらが大変だと文句が出る。また、新しいやり方でスムーズに進むのかという不安もあります。

人にしろ、組織にしろ、習慣を変えるというのは大ごとです。面倒くささと不安が生じるからです。うまくいかないかもしれないのに、無理に変える必要はないのではないか、今のやり方でやっていればいいのではないか——。

こうして習慣を変えない文化の会社ができる。何か新しいことをしようとすると、もっともらしい理由をつけて、元に戻ろうという圧力が生じます。

■成功体験が変化を拒絶する

成功体験が地獄の始まりになることが少なくありません。

成功体験の中に安住して収益を得ますが、世の中の変化により、歪《ゆが》みが生じるからです。商品サイクルが短い時代では尚更です。

しかし、これでうまくいってきたのだと見て見ぬふりをする。あるいは、一過性のものだと考え、また元に戻るだろうと楽観視する。そうして、気がつけば致命的なところにまで進んでいます。

わかってはいても変えられない。習慣を変えることは難しい——特に今がうまくいっているのであれば尚更です。

地上の楽園と呼ばれるナウル共和国をご存じの方もいるでしょう。東京都品川区ほどの小さな島にある共和国です。もともと彼らは、農業と漁業に勤しむ貧しくてもつましく生きる人達でした。

19世紀に、欧米列強による植民地支配が進むと、ナウルも植民地となりました。植民地下で、島からリン鉱石が採れることが判明。19世紀後半から採掘が開始されました。

一九六八年、ナウルは独立を果たします。リン鉱石採掘による莫大な収入がナウル国民に還元されるようになりました。結果、国民は豊かになります。医療費や学費、水道光熱費は無料となり、生活費も支給されました。リン鉱石採掘は外国人労働者に任せられ、国民は働かなくても生きていけるようになりました。そして彼らは働かなくなります。

最終的にはリン鉱石が枯渇し、経済は破綻します。20年も前から、いずれ枯渇する日が来ることは予測されていました。しかし、彼らは変わろうとはしませんでした。破綻がわかっていても変わることができなかった。

会社も同じで、**成功体験が地獄の始まりになることが少なくありません。**「どのような悪い事例とされることも、そもそものきっかけは素晴らしいものであった」という言葉があります。始めた頃は、環境に対応した素晴らしい方法でしたが、世の中が変化し、少しずつ適さないところが生じてきて、最終的には悪いと言われるものになります。

損益計算書が悪くても、貸借対照表が良い会社があります。商売はイマイチですが、資産をたくさん持っている会社です。こうした会社はのんびりしていることが多く、対策を考えた方がよいと勧めても、なかなか動きません。

しかし、商売がうまくいっていないのですから、どんどん資産を食い潰していきます。そうして、貸借対照表も悪くなって騒ぎ始めます。資産があるうちに対応していれば楽だったのにと感じる会社も少なくありません。

■成果より定着が第一

PDCAの定着を目指す上で大切な心構えは、最初から成果を求めないことです。

最初から成果を求めれば、続けられない理由になってしまうリスクが付きまといます。少しやってみてすぐに成果が出るという魔法のような方法があるのであれば、とっくに皆がやっていることでしょう。

都合の良い方法はありません。今より大きな収益を上げたいのであれば、今より大きな収益を上げることができる習慣を定着させなければなりません。今の習慣をそのまま維持するのであれば、今の収益のままです。

世の中は変化しています。お客様の趣向は変化し、ライバルはより収益を高めようと工夫を凝らしています。今のままやっていて横ばいならまだマシかもしれません。世の中が成長を求めてくるのに、こちらがそのままであれば、相対的にこちらが落ちてしまいます。

PDCAがうまくいかないと感じているのであれば、成果より定着を第一に考えてください。

計画を立ててみて、やってみて、振り返って、また計画を立てることを社内に定着させる。結果として、新しいことがわかり、新しい知恵が出る。これが、今より大きな収益を上げることのできる習慣です。

③振り返りが習慣の基本～PDCAの極意は振り返りの習慣化にある

PDCAは変化ありきのサイクルです。

しかし、一方で人は変えたがらない生き物です。

そのため、**チェックと改善を行う振り返りがPDCAの肝になるのです。**

どんなに大層な計画を作っても、振り返りがなければ機能しません。多くの会社は1年に1回、次の計画を立てる際に前回の振り返りを行なっています。しかし1年に1回では、記憶は曖昧《あいまい》で、結果的に「できたのか、できなかったのか」というチェックしかできなくなります。

そのため、計画を四半期に一度、または月に一度など、定期的に振り返ることで、行動のチェックと改善を行なってほしいと思います。

■計画の規模の割には成果が少ないプロジェクト

計画作成は、長くても数カ月のプロジェクトです。

しかし、実行は1年以上行う活動になります。

例えば、社長と幹部が集まり、数値計画とアクションプランを作成し、中には従業員への発表会まで実施して、多くの時間と労力をかけた毎年恒例の一大イベントを開催する。そして、計画は発表会をもって終了。製本までされた計画書は、各従業員の机の中や、ほとんど触られることがない本棚にしまわれる。続きはまた来年。

こうした経営計画を、イベント型経営計画と呼びます。

大きな計画が実行されると、実行したスケールにのみ、満足、不満足のいずれかが評価として挙がるだけになり、決してPDCAを回したということにはなりません。

■振り返りのサイクルが短いほど生産性が上がる

PDCAは結局、計画を立ててみて、やってみて、振り返って、また計画を立てることの繰り返しであるとお伝えしました。これを早く回していく。

3カ月に1回振り返るより、2カ月に1回、1カ月に1回と振り返りのタイミングを早くした方が、効果もより早く表れるようになります。中でも、重要な計画実行レベルにある案件は、1カ月前に決めたことを確認して対応策を考えるよりも、毎週、確認と対応をした方が効果が大きいでしょう。

計画を立てても結局機能しない会社は、振り返りのタイミングがとても遅いという特徴があります。

私は、業種業態を問わず色々な会社の計画と実行に携わっています。飲食店や花屋さんもあれば、機械の部品を作っているようなお客様もいます。従業員数が50人くらいのところもあれば、社長一人の会社もあります。良い会社は、このサイクルが短いのです。これは業種業態に関係ありません。

PDCAが定着している会社は、小さな変化を起こすことができる会社です。日々の業務の中で振り返りと改善が行われるため、ブラッシュアップされていきます。何事においてもスピードが速くなります。生産性の向上も目に見えていきます。

03 計画倒れを防ぐ3つの「切る」

ここからは、計画の目的を今の状態からより良くしていくために必要なこと、どのように進めていくかについてお話しします。詳しくは第2章以降に譲りますが、全体的な考え方を身につけてください。

▼3つの「切る」を習慣化しよう

計画を作成し、実行に移したい。これまで計画を実行できたことがない。そんな方は、3つの「切る」を意識してください。

3つの「切る」とは、「立て切る」「見つめ切る」「やり切る」です。

①立て切る：実行できる行動計画を伴った計画を立てること
②見つめ切る：立てた計画を定期的に見つめること
③やり切る：計画したことをしっかりとやり切ること

順を追って説明していきましょう。

①立て切る――具体的な行動がわかる計画

「立て切る」とは、明日から何をすればいいのかがわかる計画のことです。

単なる数値が並んだ計画や、かけ声だけが書かれたものではなく、実行できる行動計画を伴った計画を立てることが第一段階です。何をすればいいのかがわからない計画では、次の実行段階に移ることができません。

実行できる行動計画は、内容が具体的であることが求められます。「新規顧客を開拓する」では動けません。いつ、誰が、何を、どのようにするかを決める必要があります。

②見つめ切る——必要に応じた計画の修正・調整

第二段階の「見つめ切る」とは、立てた計画を実行して定期的に見つめる——最低1年間の検証活動を続けることです。

計画の実行にはイレギュラーなことが付きものです。計画通りに事が進まないことは日常茶飯事ですし、お客様への急な対応やトラブルによってスケジュールが乱れることも、ありふれた光景です。

計画の実行に当たって注意すべきことがあります。

それは、**計画通りにできていないことではなく、やるべき行動計画が忘れ去られてしまうこと**です。その忘れ去りは防がなくてはなりません。

中小企業は、社長をはじめ従業員一同、日々の業務に追われながら計画に取り組んでいます。ただでさえ余裕がないところにイレギュラーなことが頻発します。計画通りにできていないことは仕方がないと言えるでしょう。

できなかったら、もう一度スケジュールを設定すること。このように計画の修正をすることが、立てた計画を定期的に見つめるということです。

多くの人は、できなかったと思いつつ、どこかでやろうと考えます。しかし、スケジュールの再設定まではせず、いつかやらなければで終わってしまう。そうしている間に、またイレギュラーなことが発生します。バタバタと走り回っている間に、計画は忘れ去られてしまいます。

できていないことを認識できている間は再設定をすればいいのですが、忘れ去られてしまえば、どうしようもなくなります。

そうした忘れ去りを防止するため、定期的に最低1年間の検証活動を続ける。「定期的」なサイクルは月1回が目安です。3カ月も半年もあけては、検証活動自体の意味が薄くなります。

③やり切る——4割できればOK

第三段階は「やり切る」です。言葉通り、計画したことをしっかりとやり切ることです。ただし、完璧にやり切ることを意識し過ぎないことが重要です。先にも述べましたが、計画の4割が達成できていれば必ず変化が生まれます。

■まずは「立て切る」「見つめ切る」から

3つの「切る」の習慣化は、第二段階の見つめ切るまでを定着させられるかにすべてかかっています。

中小企業の現場は、日々限られた人員で運営されているため、決めたことに対して各自が責任を持ってやり切ることが重要なのは確かです。決めたことをやり切れる従業員が何人いるのかで、会社の強さが決まります。

しかし、最初からこのレベルに達するのは困難であることも事実でしょう。

ですから、まずは「立て切る」「見つめ切る」習慣を作ることから始めてください。その習慣が会社に根付きさえすれば、自動的に、決めたことをやり切る習慣が生まれてくるものです。

順番を間違えてはなりません。**いきなりやり切るを目指して、できない自分を責めて意気消沈し、計画が無駄になること自体が悪なのです。**

まずは、小さな計画であっても見つめ切るまでを愚直に続けることです。そうやって1年間継続していけば、驚くような変化がもたらされます。

■多くの人は、決めたことをやり切ることが難しい

そもそも、決めたことをやり切ることが難しいのです。

誰もに、決めたことをやり切る力があれば、テレビ番組のダイエットネタが毎回続くようなことはなくなるでしょうし、このようなPDCAの本が毎年のように売れることもなくなることでしょう。

禁煙や禁酒も、決心してすぐにやめられるのであれば、何度も禁煙に失敗する人も出ないし、そうした人向けの商品・サービスも必要ありません。

こうして考えてみると、世の中の身近な商品・サービスは、決めたことをやり切ることができないために存在しているものが多いことがわかります。

もちろん、決めたことをやり切ることができる人もいます。その人は、やり切ることができる習慣を身につけているのです。

PDCAも同じです。最初からスムーズに計画をやり切るなどあり得ないことです。まずは、計画実行への「3つの切る」を、小さな計画であっても習慣化させる、ということに慣れることから始めてください。

この章のポイント

- □ PDCAは4割回せれば成功と思っていい
- □ 計画を立てる目的は、今の状態をより良くするため
- □ 計画は、「こうなるだろう」ではなく「こうしていきたい」が大事
- □ 機能する計画は、明日から何をすればいいのかがわかるもの
- □ お客様やライバルを知るためのテストマーケティングが重要
- □ 計画は自分達主体で作ること
- □ 身の丈に合ったコンサルタントを選ぶこと
- □ 計画は変更を前提とした、トライアル&エラーの繰り返し
- □ そもそもPDCAは、見直しを前提にしたものである

□ PDCAを回して得られる最大の成果は、仕事の習慣改善にある

□ PDCAの極意は、振り返りの習慣化にある

□ 振り返らなければ、計画は機能しない

□ PDCAの実践は、立て切る・見つめ切る・やり切るの順番で進める

□ いきなりやり切ることを目指さない。立て切る・見つめ切るを定着させよう

第2章

計画は「実行できる」ことが最優先！

01 P（計画）作成をスムーズに行うコツ

PDCAを定着させるためには、計画は「作りやすく、実行を始めやすく、かつ続けやすい」ものでなければなりません。

計画はゴールではなくスタートです。計画が作りやすくなければ、いつまで経ってもスタートラインに立てません。スタートラインに立てても、実行が始めやすいものでなければ、いつまで経ってもスタートできません。スタートできても、続けやすいものでなければ、途中で挫折してしまいます。

▼3つの「やすさ」を意識する

計画を作る際には、３つの「やすさ」を意識してください。

①作りやすさ、
②始めやすさ、
③続けやすさ、

順を追って説明していきましょう。

①作りやすさ

まずは計画の作成段階で挫折することを防ぐため、作りやすさを意識します。
ここでは次の３つのポイントをお話しします。

□ Pは速さで勝つ
□ フォーマットは何でもいい

□見切りをつける

■Pは速さで勝つ!

計画作成は、精度より速さを重視します。

不細工な計画でもとりあえずやってみて、軌道修正をすればいいのです。実行が遅れれば遅れるほど軌道修正の機会が遅くなります。実践では、テストマーケティングや実行可能な施策を試しながら計画を組み立てていくことも少なくありません。「拙速《せっそく》は遅巧《ちこう》に勝る」という言葉があります。拙《つたな》くても速い方が、巧みでも遅いより良いということです。

計画は主に社内で考えていきますが、社内で考えていてもそれは独りよがりになりがちです。あのお客様はどんなことを考えているのだろうか、この商品はどのようにアプローチすればお客様の目に留まるのだろうか、と考えることは大事です。しかし、いつまでも社内で話をしていても、それ以上の広がりはありません。

お客様のことはお客様に聞くのが一番手っ取り早いのです。

この商品はこういう見せ方をすれば目に留まるのではないかと考えたら、実際にやってみることです。前にもお伝えした通り、6割の勝算があると見込んだ時点でやるべきです。それさえも判断がつかない場合は、社長の決断次第です。大きなリスクを感じる場合は踏みとどまり、失敗しても損失が補える範囲ならやってみます。

そしてお客様の反応を見る。実行することで何らかの反応があります。その反応を受けて、修正を検討していく。中小企業の生命線はスピードであることを、強調しておきたいと思います。スピードが生産性の高低を比例させていきます。

世の中は刻一刻と変化しています。今日正しかったことが、明日は正しくないということもあります。時間をかければ完璧を追求できるというものでもありません。逆に劣化していく可能性の方が大きいのです。

どれだけ情報を収集し、分析を行なったとしても、私たちは万能の神様ではありません。100点満点の計画はあり得ないのです。

そのため精度より速さが重要です。速ければ、精度は後から上げることができます。

■フォーマットは何でもいい

きれいな計画書を作る必要はありません。

フォーマットは何でもいいです。むしろない方がよいかもしれません。フォーマットに頼ると、フォーマットを埋めることが目的にすり替わることがあります。とりあえず行動に移せる計画作りという点においては、仰々しいフォーマットは必要ありません。

計画の内容は、本章第2節で説明する、「これだけで計画になる！　12個の質問」に答えていただくだけで十分です。

もちろんフォーマットを使用していただいても構いませんが、わからないことをあまり考え過ぎないようにしてください。わからないことはとりあえず空欄で結構です。

穴だらけの計画書でも、要点さえ押さえておけば実行に移せます。きれいな計画書でも、実行に移せなければ価値はありません。

■見切りをつける

計画はある程度、自分の中で実行の段取りが見えたら完成です。

計画完成の目安は、明日から何をしたらいいのかがわかっていることが重要です。

スケジュールの入った行動リストがきちんとあることが条件です。行動リストには、こういう行動を「いつまでに」やる、その目的は「これ」で、「こういう成果」を期待している、といったものをリストアップします。それを年間スケジュールに落とし込みます。不十分な点は多々ありますが、そこは実行結果に応じて軌道修正しましょう。

計画作成は、精度より速さです。

②始めやすさ

物事は、「小さく始めて大きくする」のが定石です。最初から大掛かりに始めると失敗したときの損失が大きくなります。大掛かりに始めるには、それ相応の準備もいります。その準備自体が、大変面倒だと思い始めると、計画はしたけれども動けなくなります。

■Pは「完璧にする」が最大の敵になる

始めやすさを考えるときに、「完璧にする」という考えが最大の敵になります。計画を作る際に、最初から完璧にやろうと考え過ぎると動けなくなります。完璧主義や、こだわりが強いデキル人ほどPでつまずいてしまう。ＰＤＣＡは習慣を変えることに意義があります。誰にとっても始めやすいと思えるには、計画にも余白を作るくらいのレベルが丁度いいのです。余白と妥協とは違います。

■計画書は見積書である

計画は実行の中で修正されていくものです。計画書は見積書と考えることです。

この案件に対して、どんなことをしないといけないのか、どのくらい期間がかかるのか、どんなものが必要なのか、そうした実行に対する見積です。

見積に精度はあります。思い付きで書いたものは口頭ベースの「これくらいはかかります」程度の見積でしょう。テストマーケティングなどの現地調査をすれば精度が上がります。しかし、それもあくまで見積です。

見積である以上、修正の可能性は十分あります。見積段階では現地を確認できなかったが、実際に確認してみたら必要のない項目があったとか、時間が短縮できたとか、もっとかかったなど。あるいは、やっていくと追加工事が発生するかもしれません。

結局、計画は振り返りながらトライアル&エラーでやっていくしかありません。計画書は完璧にしないといけないとは思わず、見積書であるという考え方で結構です。

③続けやすさ

計画は続かなければ意味がありません。そして、継続の大敵は「無理」です。

頑張れば、あるいは無理をすればやれるということが、続けられない要因となります。

計画を立てたときが一番モチベーションが高い時期です。これでやっていけばうまくいくのではないかと思います。しかし、実行段階になると半年や1年の活動になる。やっていく中で、これはしんどいと続かなくなるのが怖いのです。

■すごい成功事例を参考にしない

続けやすさを考えるときに、注意していただきたいことがあります。自分がすごいと思う成功事例は参考にしないということです。

世界的な大企業の事例とか、著名な経営者とか、業界のリーディングカンパニーなどの事例です。

断っておきますが、これらの事例を否定する気は毛頭ありません。すごいなと思ってモチベーションが高まるのであれば、知っておくべきでしょう。ただし、**実行に当たっては、すごい事例をそのまま真似するのではなく、身の丈に合ったことをする必要があります。**そのままやってもレベルが高くて続かないからです。

また、すごいなとは思うが自分にはできないなと思うのであれば、今はその事例を知る段階ではないと思います。うちはこんなことしかできていないと卑下をするのであれば、害でしかありません。

■メディア経由の成功事例は要注意

成功事例に接する上で気をつけておかなければいけないことをお話ししておきます。

多くの人は、こうした成功事例はメディアを通じて見聞きするでしょう。しかし、話半分に聞いておくことです。

テレビ番組や書籍などのメディアを通じた話である以上、どうしても第三者の編集が入ります。視聴者や読者が興味を持つように編集が行われた結果、見やすく面白い話になっていきますが、その中で削られてしまうエピソードや事実があることも少なくありません。

私は、色々な人に会う中で、そういう類《たぐい》の話をいくつか聞いたこともあり、メディアを通じた話は、ある種のフィクションとして捉えています。

また、振り返ってストーリー構成を考えると、どうしても現実感が失われてしまいます。実際の現場では、変転する状況に合わせて判断を行い、時には綱渡り状態になるもラッキーなこともあり、何とか乗り越えてきたというのが実際です。これをストーリーにすると、さも最初から予定されていたがごとくスマートな話になりがちです。実際にその現場に関わった人が、あれは大変だったと散発的に語る体験談の方が知見として参考になります。

■「そんなことでいいんだ」を集めよう～すごいことはできない

成功事例は、自分達ができるイメージを持てるものを集めることです。PDCAは、できるのにやっていないことを見つけて改善していくことが重要です。

「そんなこと」は自分達でもやろうと思えばできることです。こうした事例を集めれば実行のヒントになるでしょう。一方、「すごいこと」は自分達からすれば困難なことです。こうした事例を集めても、なかなかできるイメージが湧きません。

▼これだけで計画になる！ 12個の質問

ここまで、計画の作成段階で挫折しないためのポイントを説明しました。

ここで、実際に実行できる計画を作るために、皆さんに考えていただきたい12個の質問をします。

①5年後（会社経営以外であれば〇〇カ月後でもよい）の売上高はいくらですか？
②そもそもお客様やライバルのことを知っていますか？
③どのお客様にいくら買っていただきますか？
④そのために必要な作戦は何ですか？
⑤お客様を獲得し、ライバルに勝つために必要な経営資源は何ですか？
⑥そのためにやらないといけないことは何ですか？
⑦今年取り組むべき3つの重点テーマは何ですか？
⑧重点テーマの目的とゴールはそれぞれ何ですか？

⑨ゴールにたどり着くために必要な段取りとスケジュールは？
⑩段取りごとの目標と実行の目安は？
⑪振り返りのタイミングは？
⑫実行できる計画ですか？

計画作成に当たって、これら12個の質問に答えていくことで、実行できる最低限の計画が作成できます。

一つひとつを解説する前に、計画作成において、大きく立ちふさがる「経営理念やビジョン」について説明しておきます。

▼経営理念は考えなくていい？

計画を作成するためのセミナーに参加したことがある方や、書籍を読んだことがある方の中には経営理念やビジョンを考えなくていいのかと疑問に思われる方がいるかもしれません。

結論を言うと、経営理念やビジョンはなくてもいいのです。あった方がよいでしょうが、必須ではない。これに時間を取られ過ぎないでください。

大抵のフォーマットには、最上段や最初のページに経営理念やビジョンという項目があります。

これは、なぜこの会社をやっているのか、なぜそのビジネスに取り組んでいるのか、というような存在意義に対する問いかけです。人で言えば、あなたは何のために存在しているのですか、という類の問いかけですが、これは難しい。なかなか明快に答えられる人はいないでしょう。

ですから、経営理念やビジョンは無理に考えなくてもよいのです。

■得たい結果を出すことが目的であり、その過程の手段・方法は自由が原則

ＰＤＣＡに失敗する人達の傾向として、得たい結果のゴールに対し、そのゴールにたどり着くまでの方法までも画一的に決めてしまうことが挙げられます。

シンプルに言えば、自分の性に合わない、納得できないやり方は、必ず挫折します。

自分の性に合わないことは、無理をしなければできません。短期的な計画の実行であれば

我慢してできますが、長期的な改善と実行を伴う計画では、無理を強いると間違いなく続きません。

ですから、目的の達成というゴールは決めておき、やり方、達成の仕方は自分の性に合う方法で進めていいという柔軟性が必要になります。また、そうすることで、決められたことを決められた方法でやるよりも、考える力が発動され、思ってもいなかったアイデアや工夫が生まれたりもします。

人は、考えることで成長速度が速まります。

マネジメントする側も、社長であるあなたも、自分がＰＤＣＡを回すときも部下に回させるときも、忘れてはならない続けていくためのコツです。

■理念の存在自体でモチベーションが上がるのではない

最後に、経営理念やビジョンは、従業員のモチベーションアップにつながるという考えもあります。

しかし、これは場合によります。

言うことは真っ当だが、行動が伴っていないリーダーや社長の言うことを聞いてもモチベーションは上がりません。「また言ってるよ」になるだけなのです。

ある会社では、10年前から朝礼で理念やビジョン、行動指針を唱和していました。その意味も会議などでたびたび伝えていましたが、社員の反応は冷めたものでした。

会社が変わったきっかけは、A４用紙1枚の計画書でした。

まずは社長一人が計画を作成し、実行して見つめ切ることを始めました。最初は、冷ややかな目で見ていた幹部や社員達も、１年間見つめ切るトップの行動に接し、反応が変わってきました。成果は、目標の半分ほどでしたが、社長は有言実行の人だという認識が社員の中に芽生えたのです。

02 実践！ 12の質問から計画を作っていく

ここからは、実行できる計画を作るために、社長に向けた12個の質問を例にして、その内容と考え方を説明します。マネジメントする側のリーダーにおいても考え方は全く同じです。

12個の質問は大きく3つの段階に分かれています。

「理想と現実のギャップを知る段階」「理想と現実のギャップを埋める段階」「計画に見切りをつける段階」の3つです。

1. 理想と現実のギャップを知る段階

①5年後（会社経営以外であれば〇〇カ月後でもよい）の売上高はいくらですか？

②そもそもお客様やライバルのことを知っていますか？

③どのお客様にいくら買っていただきますか？

④そのために必要な作戦は何ですか？
⑤お客様を獲得し、ライバルに勝つために必要な経営資源は何ですか？
⑥そのためにやらないといけないことは何ですか？

2. 理想と現実のギャップを埋める段階

⑦今年取り組むべき3つの重点テーマは何ですか？
⑧重点テーマの目的とゴールはそれぞれ何ですか？
⑨ゴールにたどり着くために必要な段取りとスケジュールは？
⑩段取りごとの目標と実行の目安は？
⑪振り返りのタイミングは？

3. 計画に見切りをつける段階

⑫実行できる計画ですか？

ここからは順を追って説明していきますが、一通りの説明を読んだ時点で、ＰＤＣＡを

「立て切る」「見つめ切る」までしたことがない方は、計画作成に結構時間がかかるという印象を受けるかもしれません。

目安として、社長やリーダー自身の実行であれば2日、10人前後までの会社や部署であれば1週間、それ以上でも1カ月以内に区切りをつけて第3章に進んでください。

①理想と現実のギャップを知る段階

計画を立てるためには、ゴールの設定、得たい結果を先に決めなければなりません。

加えて、**ゴールを目指すためには、出発地点を確認する必要があります。そして、ゴールと出発地点にどんなギャップがあるのかを把握することで、今後やるべきことが決まります。**

理想と現実のギャップを把握して、埋めていく方向へとＰＤＣＡを回して近づけていくことです。

このギャップを埋めるために行動を計画します。

それを実行した結果、考えていた計画と実際との間にどのようなギャップがあったのかがわかります。そして計画と実際のギャップを埋めるためには、もっとどうしたらよかったのかの判断ができるようになります。

まずは理想であるゴールの設定です。

各セクションにより、立場により、未来設定の期限は各々変えて考えていきます。

①5年後（会社経営以外であれば○○カ月後でもよい）の売上高はいくらですか？

■何をすべきかのスタートは、ゴールからの逆算

最初にゴール地点の期限を設定します。

社長であれば5年後の売上高を考えてください。イメージが湧かない場合は、とりあえず現状の倍くらいで設定してください。

5年後の数字を決めた後は、4年後を考えます。「5年後こうなるには4年後にはこうなっていないといけない」と逆算思考で考えてください。同様に3年後、2年後、1年後と考えます。最後に現状の売上高を書き込みます。

ここからが苦しみどころです。第1章では計画は予測ではないと述べましたが、達成できなくても仕方がないと考えている計画であれば作る必要はありません。作るからには実現さ

5年後の売上高はいくらですか？

5年後	
4年後	
3年後	
2年後	
1年後	
現状	

せるのが計画です。

そのため、理想と現実の間で調整が入ります。

2年間は大きな伸びは無理でも、その間に準備をして3年目でぐっと立ち上げるとか、準備期間に情報収集を行なって、まだ見ぬ新製品を開発するなど。何を考えてもいいのですが、**最初にやってはいけないのが、5年後の理想値を下げること**です。ここを安易に下げてしまっては革新的な知恵が出ません。現状維持でもできるレベルの計画では意味がありません。

▼立ち位置を押さえられればほぼ勝てる

②そもそもお客様やライバルのことを知っていますか？

■意外と多い「売れない」ではなく「買えない」

どんな仕事も、お客様なくして成り立つものはありません。

社長であろうと、部長や課長、新入社員であろうと、仕事の目的はお客様をつかむこと、お客様を創造することにあります。つまり、お客様を知らなければ会社は潰れます。にもかかわらず、お客様のことを知らないことで生じる、中小企業でよくある話をお伝えしておきます。

それは、「売れない」ではなく、「買えない」という問題です。

当たり前ですが、売り手は自分達が扱う商品やサービスのことをよく知っています。しかし、お客様は知らないのです。お客様はわかっているだろうではありません。全くわかってもらえないという前提でいるべきです。

「売れない」というのは、お客様が対象商品やサービスを認識した上で「買わない」と判断することです。逆に、お客様が対象商品やサービスを認識していなければ、そもそも「買えない」状態です。この違いがわからずに、「売れない、売れない」と言っている。

「買わない」ことに対する対策と改善、「買えない」ことに対する対策と改善には天と地の開きがあります。つまり、「買わない」が理由であるならば、それは商品やサービスに問題があるか、商品やサービスの競合優位性や独自性がきちんと伝えられていないか伝わっていないことになります。

「買えない」が理由であるならば、宣伝の仕方に問題があるか、宣伝できていたとしても狙い定めたターゲット層からずれている媒体を利用していた、狙いどころがずれていたことになるでしょう。

お客様のことやライバルのことを知る。これはどんな仕事においても鉄則です。

■お客様を知るポイント

お客様について知りたいことには、大きく3つあります。

「どんなお客様が」「何を」「どんな理由で」買っているかです。

「どんなお客様が」は、主要顧客に当たります。男性なのか女性なのか、年齢層は、どんなバックグラウンド（家庭、職場、地域、所属団体など）を持っているのかです。

「何を」は、主力商品・サービスです。取り扱っている商品・サービスのうち、何が売れているかです。

「どんな理由で」は、お客様が買う理由ですが、これは大きく2つあります。一つは商品・サービス自体を買っている。困っていることを解決したいのか、満足を得るために利用しているのか、簡単さ、便利さを求めているのかなど、色々な理由があります。

もう一つは、うちで買う理由です。当社だけしか扱っていないのであれば話は早いのですが、世の中にはライバル会社があり、ライバル商品があります。その中で、なぜ買ってくれているのかという理由です。

一番いいのは、お客様に聞いてみることです。

市場は複雑です。変化も速い。新しい展開のライバル商品が次々に送られてくる世の中です。机上の考えで、練りに練って時間をかけて市場に出しても売れないリスクは大きい。だからといって、市場を調べ、お客様に聞きながら商品・サービスを開発してもうまくいく保証はない。つまり、「失敗する」を前提にしておくことが大切です。

失敗してもすぐに対策を立てて実行に移すスピードが、中小企業の命運を決します。

お客様を知る4つのポイント

①主要顧客はどんなお客様ですか？
②そのお客様は何を買ってくれていますか？
③お客様はどんな理由でそれを欲していますか？
④お客様がうちで買う理由は何ですか？

▼お客様（商品）ごとに目標値を配分する

③どのお客様にいくら買っていただきますか？
④そのために必要な作戦は何ですか？

■目標売上高を配分する

次に、お客様を知る４つのポイントをもとに、大体このくらいはいけるかなという目標値を5年後から順に逆算しながら設定しましょう。４年後、３年後と来て、最後に現状を書き込みます。

各お客様の売上高合計が、最初に設定した目標売上高とイコールになるまで設定します。もし、どうしても今のお客様や商品・サービスだけでは足りないということであれば、まだ見ぬ新しいお客様を設定したりします。

また、単に売上高を配分するだけでは意味がありません。お客様にいくら買っていただくのなら、どんな作戦を取るのかという大まかな方針も考えておいてください。

どのお客様にいくら買っていただきますか？

お客様のタイプ						
5年後						
4年後						
3年後						
2年後						
1年後						
現状						

そのために必要な作戦は何ですか？

お客様のタイプ						
必要な作戦						

わかりやすいのは、既存のお客様に新しいサービスを提案するのか、既存の商品やサービスを新しいお客様（マーケット）に提案するのか、いずれかの方針です。そして、既存のお客様や潜在顧客、新しいお客様候補との接点を増やす方法、商品を知ってもらう努力が必要になります。

▼経営資源を考える

続いて考えることは、必要な経営資源です。

12個の質問の⑤と⑥について考えていきましょう。

⑤お客様を獲得し、ライバルに勝つために必要な経営資源は何ですか？

⑥そのためにやらないといけないことは何ですか？

■ 経営資源の問題が大きい

経営資源とは、大きく「ヒト」「モノ」「カネ」の3つを考えます。計画を実行するに当たって、必要な経営資源をいかに準備するかが重要になります。経営資源は大抵の場合、思い立ってすぐに手に入るものではありません。

例えば、5年後に新店をオープンしようと考えたときに、店長やスタッフの人選、採用が課題になります。

新規に採用するのか、あるいは社内で育成するのかで時間のかかり方、費用のかけ方に違いが生じます。

新店の土地や店舗設備、中の什器《じゅうき》など、製造業であれば生産設備というモノが重要になります。

それらヒトやモノを準備するためのカネだけではなく、維持するカネも必要です。必要なカネをどのように準備するのかを考えておく必要があります。

仮に、5年後の売上高を2億円とすれば、どんな人がいるのか（スキル、人数）？　生産設備の追加は？　店舗を増やすべきなのか？　予算は？　調達資金は？

こうしたことを5年後から遡って考えていきます。最後に現状を埋めて、理想と現実のギャップを見える化させていくのです。

■未来の従業員名簿を考える

肝心要《かなめ》な「ヒト」について参考例を紹介します。未来の従業員名簿を作成している会社の話です。現在の従業員名簿（氏名、年齢、役職、担当業務など）に5年後の状況を予測して記載したのが未来の従業員名簿です。

その人の5年後の役職と担当業務、役割が記載されており、その人が現状担当している業務を誰かに引き継がなければならなくなります。

それを考えるだけで、5年後の組織体制に足りない人の数や、どんな人が必要になるか、採用はいつくらいにするべきか、もしくは、設備投資をしてその業務を簡素化させていくのか、などの問題が浮かんできます。

また、5年後に目指す担当業務、役割と責任を担ってもらうための教育も必要になっていくことがわかってきます。

お客様を獲得し、ライバルに勝つために必要な経営資源は何ですか？

必要な経営資源	必要なヒト	必要なモノ	必要なカネ
5年後			
現状			

そのためにやらないといけないことは何ですか？

必要な経営資源	必要なヒト	必要なモノ	必要なカネ
必要な作戦			

(2) 理想と現実のギャップを埋める段階

いよいよここからは、理想と現実のギャップを埋める段階です。明日から何をしてこのギャップを埋めていくのかを決めていきます。

▼今から取り組む重点テーマを決める

今から取り組む重点テーマを決めます。理想と現実のギャップを埋めるために大まかに考えたやるべきことに、これから1年かけて具体的にどう取り組むかです。

⑦今年取り組むべき3つの重点テーマは何ですか?

■重点テーマを3つ決める

まず重点テーマは3つに絞りましょう。これは会社の規模によって異なりますが、従業員

今年取り組むべき3つの重点テーマは何ですか？

重点テーマ	テーマの内容
テーマ1	
テーマ2	
テーマ3	

が20人以下くらいまでの会社でしたら3つで十分です。

もし、部門が分かれていて段取りや進捗管理を任せられる幹部がいるのであれば、その方に3つやっていただいても結構です。

3つに絞る理由ですが、まず多過ぎるのはダメです。通常の仕事の上に新しい取り組みをするので、あれもこれもでは続きません。実際、中小企業でこの取り組みをすると、3つの重点テーマでもやり切ることは難しいのです。また、計画は振り返りが大事です。日常業務に落とし込んでみると、自分達が考えていた以上に、できることは限られてきます。だから絞り込みを行います。

テーマの数は、少なからず多からずが大事なのですが、3つがベストな理由は、1つや2つだと、様々な理由で取り組みが頓挫《とんざ》したり、環境の変化などで必要がなくなるケースもあるからです。また、稀に2つダメになるケースもあります。3つテーマがあれば、どれか一つは1年を通して続けることができます。

⑧重点テーマの目的とゴールはそれぞれ何ですか？

■重点テーマの目的とゴールを明確に

続いて、設定した3つの重点テーマそれぞれに目的とゴールを設定します。

目的は、そのテーマが目指しているものの明確化です。ゴールとは、重点テーマに取り組んだ結果、1年後どういう姿になっているかということです。

ゴールはいくつかの目標がまとまったものです。目標の中で一番メジャーなのが売上高でしょう。**「何のためにという目的設定」↓「目的をどこに置くのかというゴール設定」↓「ゴールを達成させるために必要な具体的な目標設定」**の順です。

目的が曖昧で、組織に浸透していないと、目標が手段ではなく目的にすり替わってしまう危険があります。また、いつまでに達成するのか、きちんとタスク化させていくことです。

ゴールや目標というものは、社内の定義付けです。1年間実行してこういう状態を目指そうというものを見える化したものです。

この定義を毎回すり合わせていきましょう。

重点テーマの目的とゴールはそれぞれ何ですか？

重点テーマ	目的・ゴール	
テーマ1	目　的	
	ゴール	
テーマ2	目　的	
	ゴール	
テーマ3	目　的	
	ゴール	

■人の育成を重点テーマとする場合

どの会社でも人材育成は重大テーマになります。挙げた3つの重点テーマにほぼ間違いなく入り込んでくるかと思います。

目的は、誰をどんなレベルの人材に育成していくのかです。

例えば、○○チームを任せられる主任レベルまで育成していくのか、店舗や事業を任せられるマネジャーや部課長レベルまで育成していくのかというものです。

続いてゴールですが、その前に定義付けが必要です。○○チームを任せられる主任はどこまでのスキルを必要とするのか、店舗を任せられるマネジャーや店長レベルはどんな業務ができなければならないのか、といった必要スキルや業務を定義付けます。

○△×の3段階に分けて判定するシンプルさで結構です。

社内で、そのスキルや業務で主力となっている人を具体的に思い浮かべて○とし、普通程度にこなせる人を△、それよりできていない状態の人を×とします。

評価後に、1年間の育成を通じてどの状態に持っていくかを検討します。これが1年後のゴールです。

■社長が社長未満の仕事をしている現状を打破する

中小企業の多くで、役職に見合った仕事ができていない場合が多く見受けられます。あなたが社長の場合、社長として行うべき日々の業務は、どの程度できていますか？　この質問をすると、4割以下と答える社長が多くいます。また、1割しか本来の仕事ができていないと答える方も意外に多いものです。

なぜなのか？　答えはシンプルなもので、任せられていないからです。なぜ任せられないのかというと、育ててこなかった、育てる時間がなかったからです。

しかし、不思議なことですが、社長がそのような会社では、部長も課長も、それぞれ部長未満、課長未満の仕事をしています。

社長がいつまでも社長未満の仕事をしていては発展がありません。社長は社長の仕事をする。そのためには、社長が今やっている社長未満の仕事を部長に渡さなければなりません。すると、部長は部長で、部長未満の仕事を課長に渡さなければパンクします。こうして一人ひとりが本来の役割の仕事をするため、部下を育成していく必要があります。

部下を育成するには時間がかかります。自分がやればスムーズにできることでも、粘り強く黙って見続け、アドバイスを繰り返す必要が出てきます。

ある社長の言葉が印象的でした。

「任せたものの本当に腹が立つことが多かった。殴ってやろうかと思うことも多かった。でも黙った。何度も教えては、任せて育てた。そして事業が軌道に乗ったとき、『この事業が軌道に乗ったのはあなたのおかげだ』と表彰した。彼は今、自分の部下にも同じように接し、人材を育てている」

▼段取りを決める

⑨ゴールにたどり着くために必要な段取りとスケジュールは？

■重点テーマを達成するための段取り

目的達成のために必要な目標が決まれば、あとは実行あるのみです。

どのような行動を、誰が、いつまでに、どのようにして、がそれに当たります。

ゴールにたどり着くために必要な段取りとスケジュールは？

	必要な段取り
月	
月	
月	
月	
月	
月	
月	
月	
月	
月	
月	
月	

⑩段取りごとの目標と実行の目安は？

■段取りの目標と実行の目安

目的達成のために必要な目標設定、その目標達成に必要な行動とは何か？　その行動を誰が、いつまでに、どのようにして、の段取りとスケジュールを設定した後は、段取りごとの目標と実行の目安作りを考えます。

段取りの目標とは、その段取りをすることによってどういう成果を目指すのかを定義したものです。

例えば、お店への来店客を増やすためにポスティングを行うという段取りを設定した場合、このポスティングによってどういう成果を目指すのかが目標です。チラシを見て来店するお客様を30人獲得する、といったようにです。

実行の目安は、目標達成に必要と考える行動量です。30人のお客様を獲得するために、3000件ポスティングするといったものが実行の目安です。

この行動量の目安は、目標に対する仮説であり、見積とも言えます。

段取りごとの目標と実行の目安は？

必要な段取り	目標と実行の目安
	目標： 実行の目安：
	目標： 実行の目安：
	目標： 実行の目安：
	目標： 実行の目安：
	目標： 実行の目安：
	目標： 実行の目安：
	目標： 実行の目安：
	目標： 実行の目安：
	目標： 実行の目安：
	目標： 実行の目安：
	目標： 実行の目安：
	目標： 実行の目安：

30人のお客様を獲得するために、300件ポスティングする必要があるという仮説であり見積です。いつまでにと決めた日まで実行する中で、10人しか来店しなかった、50人も来店したなど、仮説や見積が狂う場合が当たり前のように起こります。

その振り返りをする中で、正確な見積ができるようになります。

そして、実行の目安に対する精度が増していくことで、次の計画段階で活用できるようになります。

⑪ 振り返りのタイミングは？

■ 振り返りの段取りをする

段取りやその行動量を定めて、実行してみると、効果が全く見られないことも少なくありません。そこで、実行に対するチェックと改善を行う振り返りが極めて重要になります。

そのため、いつ振り返りの時間を持つのかをあらかじめ決めておくことです。

ＰＤＣＡの初心者であれば、手間と効果を鑑《かんが》みて、月に1回が現実的だと思います。振り返りについては第4章で詳しく述べます。

計画段階では、振り返りをいつするか、振り返りの際には情報が必要である、の2点だけを意識しておいてください。

振り返りの際には、段取りに対してどうであったのかを評価するための基準、つまり、評価するための情報が必要です。

例えば、30人のお客様を獲得するために、3000件ポスティングする場合、ポスティングをどのエリアで行い、それがどんな特徴を持つ世帯が多いエリアだったのか、ポスティングした曜日、などの情報です。

3000件のポスティングの成果が40人であれば見積以上です。しかし、3000件では目標に届かず最終的に1万件のポスティングが必要であったのであれば、方法の見直しも検討しなければなりません。

振り返りのタイミングはどうしますか？

・タイミング　毎月（毎週）○回

・日程

（3）計画に見切りをつける段階

⑫実行できる計画ですか？

実行できるかを確認するに当たって、3つの視点からチェックします。

このチェックについては、行動計画が完成した日ではなく、次の日以降に確認してください。一日寝かせてフレッシュな状態で冷静に判断をするためです。

■実行のイメージ～段取りが説明できるか

まず、重点テーマの段取りについて説明ができるかです。

私達は自分が思っているほど、頭の中で整理整頓ができていません。頭の中では何となくつながっている気がしていても、実際に人に話をしてみると順序がちぐはぐになって苦労した経験はないでしょうか。

人に説明して理解が得られるようであれば、段取りに整合性があると判断していいでしょう。

■具体化されているか〜スケジュール、目標や目安が具体的になっているか

段取りのスケジュールや目標、行動の目安について、数字や固有名詞で具体的になっているかをチェックします。「いつかやろう」「たくさん増やそう」「結構頑張ろう」など、漠然としたものでは実行されません。

数値化できるものは数値化しましょう。売上高、利益、コスト、新規顧客件数、リピート率、問い合わせ件数、訪問件数、ポスティングの件数、何日に行くかなどです。数値化できないものは定義しておきましょう。育成対象者が身につけるスキル一覧、新商品が満たす機能一覧など、社員がイメージしやすいようにしておきましょう。

話を聞いて頭にイメージできないものはNGだと考えてください。

■無理のない計画か

最後に、実行に無理がない計画であるかという点です。

新しい計画の実行だけが仕事ではなく、今の通常業務に上乗せして対応できるのかを考えなければなりません。

はじめは、実行者が感覚的にできるかどうかで判断してもいいのですが、日ごとの時間の使い方を変えなければ難しい場合は、細かくしても面倒でやる気を削ぐことになりかねませんから、1時間単位もしくは30分単位で日報を作成するのも手です。

例えば、

6月20日　9時〜10時　訪問前準備
10時〜12時　A社訪問
12時〜13時　休憩
13時〜15時30分　B社訪問
15時30分〜16時　見積書の作成
16時〜17時　社内ミーティング

というようなものを、毎日書いてもらいます。

社員や部下がどんな動きをしているのか、無駄がないか、忙しい中にも空き時間がないか、効率化できる業務はないかを確認していきます。場合によっては、今の業務の省力化や廃止、別の人に任せるといった対策も必要です。

実行できる計画ですか？
・段取りを説明できますか？
・具体化されていますか？
・無理のない計画ですか？

この章のポイント

- □ 計画で行きづまらないために3つの「やすさ」を意識する
- □ 計画作成は、精度より速さを重視する
- □ 物事は、「小さく始めて大きくする」のが定石
- □ 計画は、完璧にするという考えが最大の敵
- □ 継続の大敵は「無理」な計画
- □ すごい成功事例は参考にならない
- □ PDCAは、できるのにやっていないことを探すことから始まる
- □ 経営理念やビジョンは無視していい
- □ 計画の第一段階は、理想と現実のギャップを知ること

□ 何をすべきかのスタートは、ゴールからの逆算

□ 「売れない」ではなく、「買えない」になっていないかを見極める

□ ヒト・モノ・カネの経営資源の現状を知ることが、最大のヒントになる

□ 計画を実行するに当たって、必要な経営資源をいかに準備するかが重要

□ 理想と現実のギャップを埋める重点テーマを3つ決める

□ 段取りが説明できるか、イメージできるかが重要

□ スケジュール、目標や目安が具体的になっているかチェックする

第3章

実行には期限を必ず切る！

01 いかに実行に移すか、実行を継続させるか

ここまでで、具体的に実行できることを目的とした計画を立て切る段階は終わりました。ここからは実行段階（D）に移ります。

Dの段階では、想定外のことが当たり前のように起こります。何のために計画を立てたのだろうか、やることが別物と思うくらい変わることもよくあります。

計画したことを実施した結果、やることを根本から見直すなどまだかわいいもの。そもそもその計画自体をやらないという事態も往々にして起こります。見直す以前の問題です。

むしろ**Dの段階では、いかに実行に移すか、そして実行を継続させるかが課題になります。**

そのため、いかにDを進めるかについて、以下の4つのポイントをお伝えします。

□ Dは「とりあえずやってみる精神」が重要

□ Dの大敵「忘れる」を防止する
□ Dの「やれない」は改善のヒント
□ Dで心掛けたい「次に活かす準備」

まず、計画は作ったものの色々考えて動けなくなる方がいます。何をするにしても動かなければ物事は進みません。**Dは「とりあえずやってみる精神」が重要**なのです。

次に、計画を実行しようという意思があっても、人は忘れる生き物です。そのため、Dの大敵「忘れる」を防止する対策についてお話しします。

加えて実行段階では、やろうとしても様々なやれない理由が出てきます。しかし、やれない理由は改善のヒントになります。そこで、Dの「やれない」をいかに改善のヒントとするかをお伝えします。

最後に、PDCAにおける次の段階であるC（Check）、A（Action）につなげるために、Dの段階で心掛けたい「次に活かす準備」を説明します。

02 「とりあえずやってみる精神」が重要

中小零細企業で絶対にNGなことがあります。
それは、準備が完璧に整ってから動くという思考です。

お金も人も情報も、会社の資源も、大企業と比較して乏し過ぎる中小零細企業からスピードを奪ってしまえば、確実に死を待つのみと断言して差し支えないと思っています。

Dは、とりあえずやってみるという精神がとても重要なのです。

もちろん、時期的に難しいこともあるでしょう。春にならないと案件の情報が出てこないといった業界上の事情もあるでしょう。

ですが、自分達ができること、できる範囲ですぐに取り掛かれることには、すぐに取り掛かってください。止まっていては何も生み出されません。

▼「とりあえずやってみる」を意識する

⊙良い社長はぴゅ～っと飛んでいく

業績の良い会社を作る社長は例外なく行動が早いです。

○○が良いと聞くと、それはどんなものかと飛んでいき、自分で見聞きして判断を行います。ハズレや性に合わないものもありますが、気にせず見に行きます。

業績の悪い会社の社長は行動が遅く、やらない理由ばかりを考えています。場合によっては、何年も同じような言い訳をしています。

やらない理由を考えるのは簡単です。新しいことをやるということには、何らかのリスクが伴います。トラブルになることもあるかもしれません。費用対効果が得られないことがあるかもしれません。そのため、様々な状況でやらない理由が増えていきます。

会社が安定している場合は、特に問題があるわけでもないのに、無理に方法を変える必要はないのではないか、変えることで失敗するリスクが生じると言います。現状がイマイチな場合でも、今でも何とかやれているのだから、もし失敗したら取り返しがつかなくなると言います。

会社の数だけ、やらない理由が色々とあります。よく考えつくなと感心してしまうほどやらない理由、やれない理由が多い会社もある。ある社長とは、色々な会社の社長や従業員の言い訳を集めて1冊の本にしたら面白いのではないか、『言い訳の達人』というタイトルで決まりや……と、盛り上がったこともありました。

そうした方々を尻目に、良い社長はぴゅ～っと飛んでいく。ちょっとしたことですが、この積み重ねは大きな差となって、業績に跳ね返ってきます。

⦿計画との乖離がわかることの意味

実績と計画の間に乖離《かいり》が生じる。それは、自分達の認識とお客様の考えに差があったということです。これに気づくことはとても大事で、今後の経営判断において判断の精度が高まることを意味します。

計画書は、世の中やお客様はおそらくこうだろうと考えた見積書です。

その実行の結果が実績です。この実績と計画の乖離は、どれだけお客様を知らなかったのか、見積が甘かったのかを教えてくれます。

中小企業では、多くの社長が日常の業務を兼務しています。

むしろ、一般の社員と同じ仕事をしている時間の方が長いでしょう。だからからといって経営判断を長引かせることは危険です。

また、いちいち現状分析を細かく行い、置かれている状況を見直して意思決定できる中小企業の社長はほとんどいないのも現実です。時間が限られているし、そのような準備をしてくれるブレーンもいないものです。

そのため、社長は自分の感覚で判断します。

自社を取り巻く状況に対する感覚があるからこそ、忙しい中でも素早く経営判断を下すことができます。

感覚はこれまでの経験が大きく影響しているもので、多くの社長を見ていると大まかには当たっています。しかし、必ずしも正しいわけではありません。

実際に、優れた社長でも感覚と現実にズレがあることがあります。

その理由は様々ですが、思い違いもあるでしょうし、情報が古いという可能性もあります。意識はしていないかもしれませんが、そう思いたいという願望もあるでしょう。

そうした**感覚と現実のズレを、実績と計画の乖離が教えてくれる**わけです。達成した、未達だったという話だけではありません。自分達はこれが良いと思ってやってみたが、お客様はどう反応したかがわかることで、次の経営判断に活かすことができるのです。

▼社員が動く秘訣

新しいことへの取り組みは社内に混乱を巻き起こします。しかし、そうした混乱の中でこそ新しい考え方をする人が生まれ、お客様からの新しい反応が得られるものです。

しかし、社内の混乱を避けるために、新しいことへの取り組みを避けて、いつまで経っても変わらない会社があります。

半年や1年の混乱か、10年を超える苦悩か――。半年や1年の混乱を躊躇して、5年、10年、20年と変わらないと嘆く社長も多くいます。

◉社内に混乱を巻き起こせ

新しいことへの取り組みには、得てしてベテラン社員や力のある社員ほど、今までの経験や習慣が邪魔をして乗り気にならないというパターンがあります。独自のやり方に固執して変化を受け入れがたくなるのは人間の常でしょう。

Dを実行に移すために必要なのは、社長の情熱、執念、行動です。

従業員20人のある製造業で、新しい人事評価制度を導入した事例があります。

社内教育とも連動させて、今後10年先の計画を見据えて人材を育成していくという社長の想いがきっかけでした。

これまでの評価方法は一律昇給をするというシンプルなもので、教育も先輩が後輩に必要なスキルを伝えるやり方でした。そのため、上に立つ先輩の指導力によって教育のスピードに大きな差が出てしまうという課題もありました。

計画を実行に移す段階になり、実際にどのような流れで育成プランを作成し、評価し、昇給させるかについて、社長と幹部の意見が分かれました。社長はある程度、大まかな流れが決まった段階で試験導入の実施を提案しましたが、幹部はそれでは混乱が起きると反対。それはスケジュールやフォーマット、面談の方法などの細部を定めてから導入すべきといった意見からです。

結局、当初考えていた試験導入開始の期限が迫る中、幹部の意向により開始時期を3カ月遅らせてスタートする流れで決定。しかし、遅らせたスタート時期にも間に合いそうになく、幹部から再度、延期の提案がなされます。

そのような中、混乱に終止符を打ったのは社長の覚悟から出た言葉でした。

「そもそも社内に混乱が起きることは、新しい制度を導入すると決めたときから覚悟の上だ。やってみなければわからないことが多いのは当然だ。混乱が生じても、私を含めて各幹部で対処する。また、そのつど皆と打ち合わせを行なって対応していこうじゃないか」

こうして実施された制度は、色々と小さな不具合が生じながらも、そのつど、社長と幹部と従業員で話し合って対応し、1年後、2人の若手従業員が急成長を遂げるに至ります。

そして、彼らの成長に刺激を受けた同世代の若手従業員はおろか、ベテラン従業員も刺激を受け、意欲を持ち始めたのです。

⦿従業員にどこまで付き合えるか

もう一つ、**社長が取るべき行動に、「人に動いてもらいたければ1万回言え」という言葉がありますが、繰り返しブレずに語り続ける覚悟が必要だということです。**

中には、何度も言っているが皆が思うように動かないと嘆く社長がいます。

しかし、どこまで従業員に付き合ったのかと聞くと、「何回か言った」とか、「何かあったときに思い出したように伝えた」など、そういう方が少なくありません。

残念ですが、数回程度言ったくらいで変わるものではありません。

社長は常に先駆をなして従業員の前を走り続けており、後ろに続く従業員を叱咤《しった》激励しながら走り続けなければならない苦労が伴います。

現実は、社長が後ろまで下がり叱咤激励し、一時は従業員が発奮して頑張っても、また時が経てば社長と従業員の差が開き、また後ろまで下がり同じことを繰り返すのです。ラットレースのように思えても、これしか人の心を同じレベルまで高める方法はないと言ってよいでしょう。

03 「忘れる」を防止する

とりあえずやろう、続けてみようと頑張る社長や従業員の前に立ちはだかる大敵があります。それは「忘れる」ということです。人は悪気がなくても、結構やることを忘れます。

この、「忘れるかもしれない」を前提に対策を講じておくことです。

▼忘れないようにするために

中小企業の社長や社員は、日々の業務に追われがちです。忙しい状況下で新しいことをやろうとすると、決めたはいいが煩雑な業務に流されて自然と忘れてしまう。

そこで、「忘れないようにするための4つのポイント」をお伝えします。

月	火	水	木	金	土	日
1日 ○	2日 △	3日 ○	4日 ○	5日 △	6日	7日
8日 △	9日 ○	10日 △	11日	12日 △	13日	14日
15日 ○	16日	17日	18日	19日	20日	21日
22日	23日	24日	25日	26日	27日	28日
29日	30日	31日				

○：5件以上　△：3～4件　×：2件以下

①Dは実施状況を「見える化」する
②Dは実施するタイミングを必ず決めておく
③Dは人を巻き込む
④Dは言われ続ける環境を作る

①Dは実施状況を「見える化」する

■忘れないように、見える化する

まず、いつ何を実行するのか、その実施状況をひと目で把握できる表を作るとよいです。この表を机のすぐ見える場所に貼り、見るたびに思い出す環境を作ることです。

従業員5人のある製造業では、上のような簡易な表を手書きで作成しました。

この会社は、既存顧客への訪問営業が主体であったことから、具体的に計画を立てて訪問営業を行うことを目標に掲げました。

基本ベースである3〜4件訪問した場合を△、2件以下を×、5件以上を○とした表です。この表を皆が見える壁に貼りつけました。ポイントは日常必ず目にする場所に貼ることです。目に留まるところに貼ってあるため否応なしに目に入ります。空欄があれば記録を忘れていることもわかります。

■見えると気になる

実施状況がひと目でわかるようになると、やっている、やっていないが明確になります。

また、良いことが続いていると続けたくなる、悪いことはなるべく避けたくなる。そうした気持ちが湧いてくるものです。

○が続いている後に×が付くのは何となく気持ちが悪い。ずらっと○が並んでいるのだから、何とか○を続けたい。○とは言わなくても、せめて×は付かないようにしたい。そうした気持ちが継続を促します。

訪問件数が2件だと、他の用事のついでに顧客先を回って△にするようになり、4件訪問していたら、あと1件で○になるから時間をやりくりして訪問するという流れができていく。そうやって訪問件数が増えると不思議と受注や相談が多くなっていきます。

目標を見える化して行動することで必ず習慣化されるので、PDCAとは習慣化の癖付けであるということがわかってくるでしょう。

②Dは実施するタイミングを必ず決めておく

■習慣化することで忘れることを防ぐ

いつから実施するのかを決めておくことも極めて重要になります。

人は習慣で生きています。

例えば、毎日会社に行くという行為に特別段取りをする必要はありませんし、起きる時間、朝食の時間、家を出る時間、電車に乗る時間など、特に意識しなくてもその時間になればいつもの動きで対応できてしまいます。**毎日決まった動きというのは自然と実行されやすい**ものです。

そのため、実施施策に関することも、タイミングを決めて実施することから始めるのです。当然難しくなるのが、突発的に実施する事項です。気がついたらやる、機会が来たらやるというのでは、なかなか実行に移せません。そもそも忘れてしまうことが多い。

毎日取り組むことであれば、時間を決めてタスク化させるのが継続のコツになります。毎日取り組むようなことでなければ、毎週水曜日の午前中に取り組む、毎月5日、10日、15日など日付を決めて取り組むというやり方もあります。

段取りをせず、やれるときにやるというのだけは避けてください。最低でも10回継続のリズムを作ることを心掛けてください。すると、やらないこと自体が違和感として残り、継続すべきであると判断できるようになります。

あるマッサージ店で過去5年間のカルテを分析したところ、来店3回までで来なくなる人が8割弱で、5回を超えると減少する人の割合が少なくなり、10回を超えると顕著に継続していることがわかりました。飲食店を支援した際にも同様の結果が見られたため、3回、5回、10回というのが一つのハードルだと認識してください。

■ 緊急ではないが重要な仕事を習慣化する

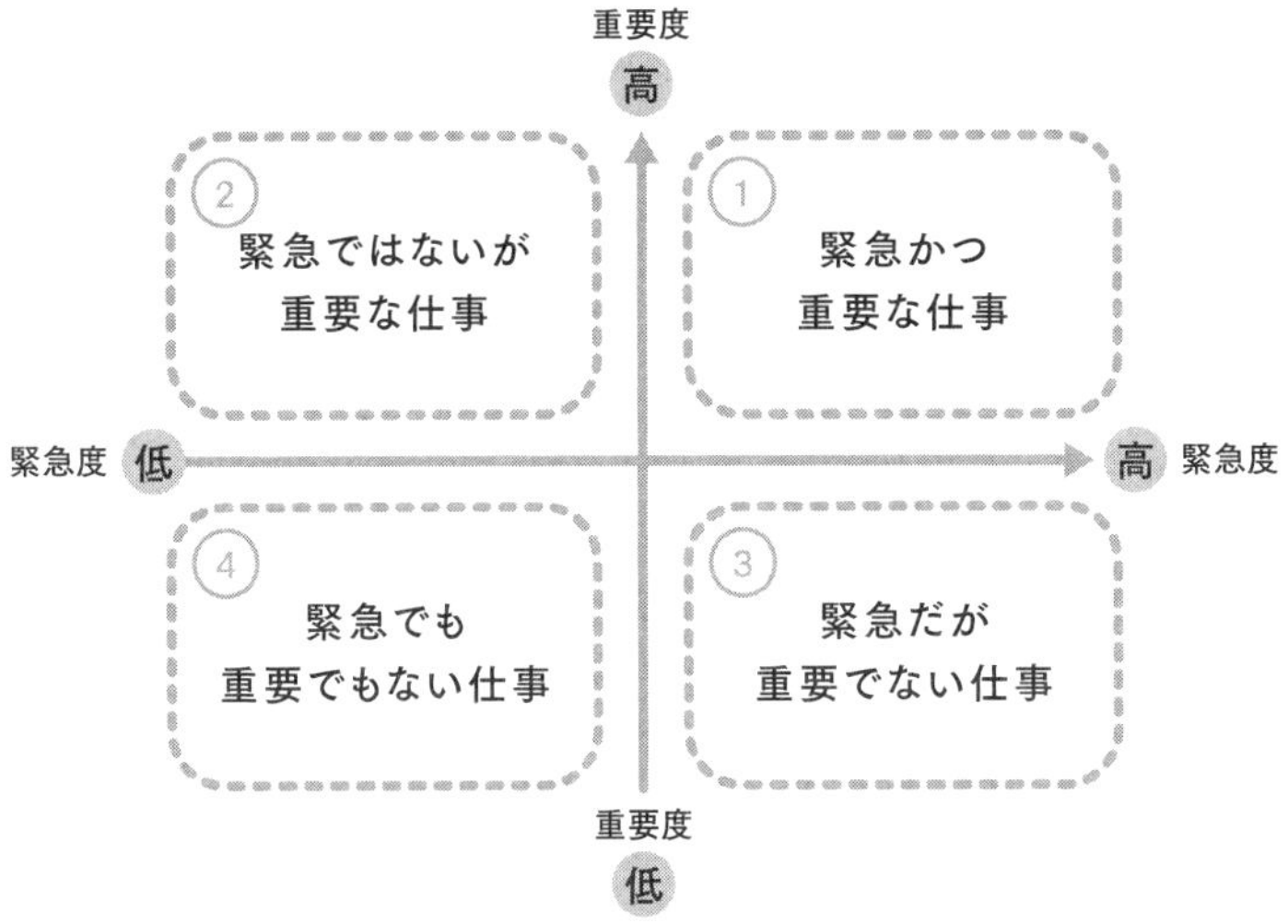

もちろん、実施内容によっては習慣になじまないものも多くあります。

そうであれば、そうしたイレギュラーなことを実施するための日という習慣を作ってもいいでしょう。何かあれば月内に決めた特定の日にやるという習慣です。

仕事は、緊急度と重要度から4つのタイプに分けることができます。

①緊急かつ重要な仕事
②緊急ではないが重要な仕事
③緊急だが重要でない仕事
④緊急でも重要でもない仕事

①緊急かつ重要な仕事は最優先で実行さ

れます。続いて実行されるのは、③緊急だが重要でない仕事です。どちらも、緊急性という強制力が働くため、多くの中小企業で問題なく実施されている仕事です。

そして忘れられがちなのが、②緊急ではないが重要な仕事です。どちらかというと新しい取り組みはこのタイプに入ります。別にやらなくても日々の業務は回っているため、他の仕事に押されがちになります。

イレギュラーなことを実施するための日という習慣は、この②緊急ではないが重要な仕事をする時間を作るということです。週に1日あればベストですが、そうはいかないもの。まずは意識して設定することが重要です。

私の場合、週に半日と決めて、比較的時間に余裕のある日曜日を当てています。事業計画や将来構想、販促アイデア出しなど、緊急性は伴わなくても、経営に重要になる仕事をこなすようにしています。

②緊急ではないが重要な仕事をする日や時間を設定すること、そしてそれを継続することが重要です。

③Dは人を巻き込む

実行のポイントは、人を巻き込むことです。

複数人で実施すれば、よくありがちな、忘れて抜けてしまう可能性をゼロに近づけることができます。


また、人は自分に対する約束を簡単に反故《ほご》にできます。

しかし、人とした約束はそう簡単には破れません。分業してできることは分業しましょう。そうすることで自分だけがサボるわけにはいかないとモチベーションが湧きます。

社長一人の会社なら、家族でも友人でも仕事仲間でもいいので、巻き込めることがないかを考えてみましょう。どこそこへ視察に行きたいと思ったら、誰かを誘って日付を決めてしまうことです。

④Dは言われ続ける環境を作る

人は言われ続けられる方が、実施する可能性が高くなります。

いつまでも言われ続けると、言われることに抵抗を感じ、早く済ませたいと思うようになるからです。

例えば、売掛金の回収について頭を悩ませる社長がよくいますが、遠慮せずきちんと言い続けることが重要です。

また、ある会社で作業標準化のプロジェクトが立ち上がった際、社長主導のプロジェクトで選抜メンバーに毎回宿題を課していました。進捗状況が芳しくない社員には厳しく叱責《しっせき》していた。しかし、従業員達はどこかのんびりしている。

その理由は、あるベテラン従業員の次の言葉にありました。

「これは毎年恒例なんだ。半年もしたらトーンダウンして、いつの間にかプロジェクト自体が終わっているから、それまでの辛抱だ」

その予想通り、半年後にプロジェクト会議はうやむやになり、作成した資料はシュレッダーにかけられていました。

原因は、社長自身が毎日の忙しさに忙殺されて忘れてしまい、従業員に言い続けることができなくなったためです。こんな事例が地味なようで一番多いのです。

ですから、税理士さんや銀行の担当者といった普段会社に出入りする人、もしくは私たちのようなコンサルタントでもいいので、社長に言い続けてくれる人を設定することです。

▼「いつでもいい」は失敗のもとになる

忘れてしまうことの防御策で一点注意すべきことがあります。

それは、期限を切ることです。

◉実行には期限を切る

長い実行段階の間に頓挫してしまう社長の口癖があります。

それは、「やっておきます」です。

何かをやろうと決める人は多い。しかし、期限を切る人は少ない。期限がなければやらないのも同じです。

締め切りの意識は、実行へのモチベーションにプラスになります。

例えば歯医者や何かのレッスンに行くと、帰り際に次の予約をしておきますよね。次回の予約をしておくことで、次に行くモチベーションが下がるのを防ぐことができます。お店の予約も同じです。予約をすることで忘れずに実行に移せます。

実行には半ば強制力が必要です。

04
「やれない」＝「実行できない」3つの理由

実行段階で必ず出てくる「やれない」は改善のヒントになります。

計画を実行しようとしても、様々なやれない理由が発生します。これまでPDCAを習慣にできていなかった会社は、当然のようにやれない理由が出てきます。このヒントと向き合うことが重要です。

▼Dは、やりながら「やれない三大理由」を見つけていく

これまでやり切る習慣がなかった会社には、3つの大きな理由があります。

① いや
② わからない
③ 面倒くさい

これが実行を邪魔する三大理由です。

「いや」はコミュニケーションの問題、「わからない」は教育の問題、「面倒くさい」は仕事のやり方の問題になります。

やれないが生じたときは、この3つの理由を疑うことです。

①「いや」〜コミュニケーションの問題とは

■コミュニケーション不全による3つの問題

「いや」はコミュニケーション不全が原因で発生します。

実施施策が「いや」と思うときには、どのような原因があるでしょうか。実施内容自体が「いや」と思うかもしれません。また、実施内容自体はそれほどでもありませんが、メンバ

―や上司が「いや」なのかもしれません。

「いや」と感じる主な原因として、次の3つがあります。

□やることの意味や目的がわからない
□人間関係
□やってもやらなくても一緒だからやらない

順を追って説明していきましょう。

■やることの意味や目的がわからない

そもそも、何でこんなことをやらないといけないのかと思うと、やる気がなくなります。

日常業務でさえ忙しいのに、いい加減にしてほしいと思うでしょう。

人の捉え方は千差万別です。あなたの当たり前を他人にそのまま適用できると考えるのは大間違いです。

計画の目的や実施施策の意味が伝わっていますか？

人間、意味がないと思うことには力が入りません。今やろうとしている実施施策がどのような目的を持っているのか、そして、どうしてもやりたいというあなたの意思を伝える必要があります。

■人間関係

日頃のコミュニケーションによる信頼関係が問われます。

あることをAさんに言われると腹が立つが、同じことをBさんに言われれば素直に受け入れられるということは日常茶飯事であり、人は「誰から言われるか」で動く生き物です。

言い方一つ取っても、頭ごなしにガツンと言うのが効果的な相手や状況もあれば、優しく慰めるように伝える方が受け入れられる状況もあります。

人は論理的に物事を考えますが、論理だけでは動きません。論理的に正しいからといって、人間社会の中で正しいとは限らないのです。

そのため日頃からコミュニケーションを図り、話を聞こうと思える土壌を整備しておく必要があります。これがないうちに、いくら良いことを伝えても、「理屈っぽい人だ」とか

「きれい事を言っているだけ」と思われて聞く耳を持ってもらえません。

論理は大事ですが、論理が正しくても相手が正しく受け取ってくれないのであれば、会社は正しく機能しません。**会社や組織が傾き始めるのは、得てしてコミュニケーション不足が原因であることが驚くほど多いのです。**

■やってもやらなくても一緒だからやらない

言い換えれば、「まじめな人が損をする」環境です。

きちんとやっていようがいまいが評価は変わらない。むしろ、きちんとやっている方がしんどいという環境が怖い。

きちんとやっているかどうか。結果は当然のことながら、そこに至るプロセスをきちんと評価できていますか？

実施施策が即成果につながるのであれば達成感はありますが、地道な作業や調査など、直接成果につながらない項目も少なくありません。

計画に基づく一連の活動について、実行している人をきちんと評価することが必要です。

手当を変動させたり給与や賞与査定に反映させてもいい。期間を定めて一時金みたいのものを支給してもいいでしょう。

金銭面だけでなく、実行していることを認める、褒める、お礼を言うといった地道なことも重要です。

まじめな人が損をする環境ではなく、まじめな人が得をする環境でなければ、物事は進みません。

②「わからない」～教育の問題とは

■Dは頑張らなくていいから、具体的に

「わからない」は教育面の不備から発生することが多いものです。

こちらは伝えた気になっていますが、相手には伝わっていないことが原因です。

よくある光景ですが、会議や打ち合わせでは「わかりました」と返事がいいのに、いざ蓋《ふた》を開けてみると、何一つ手が付けられていないケースがあります。こうしたケースでは、「わからない」を疑ってみることです。

人は自分が思っているほど、頭の中で考えていることを整理できていません。話を聞いて

いるときは、わかった気になっている、もしくは無理やりわかったように思い込む人もいるのです。

「わからない」はまさしくこれらに当てはまります。**やろうという気はありますが、いざ具体的に行動を起こそうとするとわからないから動けない。**

そのため、実行する本人が具体的な段取りを本当に理解しているのか、必ず確認することです。

特に細かな段取りについては、紙に書いてもらうと効果的です。紙に落とし込むことでより具体的に整理されるからです。

そして曖昧な点をあぶり出し、わからないことをきちんと教えることで実行できるようになります。

■当社の強みの原点は、社長のメモだった

PDCAを回す上で、大切になるシンプルな可視化。

常に走り続けていなければいつ倒れるかわからない中小零細企業やベンチャー企業は、ある意味一人ひとりが重要なプレイヤーなのです。

スピードが命と言われますが、その状況下にあって着実に社長の想いを実行に移してもらわなければ空回りするのも事実です。

これは一つの事例ですが、従業員20人のある製造業で飛躍的に業務が効率化し、社長のイメージ通りに発展している会社があります。

何をしてから変化するようになったのか。答えは想像以上にシンプルなものでした。それは、詳細に段取りが示されたマニュアルの作成でした。このマニュアルのおかげで、他所では勤続10年の中堅社員でも難しい加工を、その会社では入社半年の従業員が担当できるようになっていたのです。

変化の激しいスピード社会にあって、口頭での説明が多くなるのは致し方ないことです。しかし、前項で触れた通り、何となく理解していた従業員も、いざ動こうとすると疑問点が多々出てくる。

そうした中、一度冷静に社長の想いや結果を出すまでの具体的なプロセスを、従業員にぶつけては解消していきました。そんなやり取りや段取りを示した社長のメモをマニュアル化し、わからないことを極力改善し、誰が見ても空回りしないようにしただけでした。

③「面倒くさい」～仕事のやり方の問題とは

■面倒くさいはプロセス改善のヒント

「面倒くさい」は仕事のやり方の不備から発生することがほとんどです。

「面倒くさい」が発生するには、仕事のプロセスそのものの問題と、キャパシティの問題があります。

プロセス自体が煩雑であったり、重複があったりと、業務をする上で手間がかかるのが、仕事のプロセスそのものの問題です。

また、仕事のプロセス一つひとつは手間がかからなくとも、数が多くなると対応しきれなくなることがあります。これがキャパシティの問題です。

初めて取り組む事項については、計画段階ではそこまで負荷がないと思っていても、実際にやってみると非常に手間がかかったということはよくあることです。より楽な方法で、同じように成果が期待できる方法がないかを検討すべきでしょう。

また、仕事のプロセスは簡単であるに越したことはありませんが、一度決まったプロセスというものは、なかなかなくならないものです。そのため、古くからあるプロセスであるほど、つぎはぎだらけの、よくわからないものになりがちです。

■キャパシティの問題は、時間の使い方を分析する

キャパシティに問題がある場合は、まず今の業務状況を確認することです。

人それぞれの、もしくは部署別の仕事量や費やす時間、また、計画に関わる業務だけではなく、日常業務を含む量と時間の使い方を調べます。

その結果、プロセスを簡略化しないといけないことや割り振ることでスッキリする業務を可視化させましょう。計画に関係する業務に充てることができる時間を捻出しなければ、いつまで経っても実行に移すことができないばかりか、無理に強制させてしまうと従業員のモチベーションが低下し、愚痴や文句が増えるリスクが生じます。

シンプルな方法は、日報を書いてもらうことです。習慣付ければ苦になりません。ただし、何を書き込むのかを協議し、フォーマットを決めておきましょう。社長や上司はそれを見れば大まかな動きがわかるようになります。1カ月間記録をしてみることから始めるのも手です。

スケジュールは30分単位で十分です。社内作業なら何の作業、打ち合わせならどんな打ち

合わせ、外出であればどんな用事と、大まかに何に時間を取られているのかが確認できれば大丈夫です。詳しくは第2章をご参照ください。

加えて、メモを取るのであれば、「これは削減できないか」とか「これは部下に振れる業務だ」と感じることを記録しておきましょう。

なお、メモを取るという習慣が役に立つのはこれだけではありません。

次節で説明していきましょう。

05 Dで心掛けたい「次に活かす準備」

PDCAにおいて、Dの次にはC（Check）、A（Action）があります。ここでは、CとAをより効果的にするために、Dの段階で心掛けたい「次に活かす準備」をお伝えします。

ズバリ、メモや記録を残すことが「次に活かす準備」です。

▼やりながらメモを取る

⊙記録を取ること

実施施策を実行する中で、記録を取ることをお勧めします。

計画書は見積書と同じであると述べましたが、見積の精度を高めるためには、見積に対して実際はどうだったのかを確認する必要があります。

例えば30人のお客様を獲得するために、３０００件ポスティングすると決めたとします。この施策の是非を知るためには、少なくとも何人のお客様をこのチラシで獲得できたのか、ポスティングの件数は何件だったのかを知る必要があります。

ポスティングの件数については、記録を取ることで対応できます。

いつ、どの地域に、何件ポスティングしたのかを記録しておけば把握できます。何人のお客様をこのチラシで獲得できたのかを知るには、ひと工夫必要です。一番オーソドックスな方法は、「このチラシを持ってきてくれた方には粗品プレゼント」などの特典を付ける方法です。「チラシを見たよとスタッフにお申し出ください」というものも、この類です。

チラシに会社側しかわからない秘密の暗号を載せておくことも、後で測定ができるようにするための方法です。チラシ右端の番号によってどこの地域に配布したかがわかるなど、様々な工夫で測定できるようにしています。

このように、**何かをするときには、いかに効果を測定するかを意識しておくこと**です。特に数値を具体的に設定した項目、売上高や件数などの目標や、プロセスで設定した目安については、後から確認できるように記録しておくことです。
数値化された具体的な記録なくしては、正確な検証段階へ進むことができないからです。

⦿業務で感じたことを活かす

記録は数字だけではありません。実行の中で感じた気づきや感想は、検証や改善で大きなヒントになります。

キャパシティ改善の問題で、メモを取るのであれば、「これは削減できないか」とか「これは部下に振れる業務だ」と感じることを記録しておくことをお伝えしましたが、情報を記録しておくことで、プロセス改善や部下の教育に活用することができます。

ある果物販売店での話です。

開店から4年後に、店舗とは別に移動販売を開始しました。

移動販売が順調に伸びていく一方で、店舗の売上が減少し始めました。原因を調べてみたところ、社長が店頭に立っている日は、以前とは大きな変化はありませんが、社長が移動販売に出ている日に、売上が減少していることがわかりました。

さらに原因を探ってみると、社長がいるときはお客様から果物の質問を受けてもスムーズに答えることができても、パート対応の日は答えられない質問があることがわかりました。

そこで、社長自身が接客をしているときに、お客様からどういう質問を受け、どう回答しているのかをメモするようにしました。

同時にパートにもお願いし、不在のときにお客様から受けた質問をメモしてもらうようにしたのです。

こうして集まったメモをもとに、多い質問をQ&Aにまとめました。また商品案内のPOPには、お客様が興味を持ったキーワードを書き込んでPRしました。それによって、社長不在でもお客様の質問に対応できる売場作りが実現できたのです。

この他にも、営業ツールを作成することで業務が効率化し、成果につながった事例がたくさんあります。

これまで営業マンが独自のやり方で営業してきたため、統一されたツールがありませんでしたが、営業成績が良い3人にお願いしてメモを取ってもらうことにしました。メモすることは、訪問直後にこういうツールがあればもっとよかったこと、お客様から出た質問、お客様が興味を持ったキーワードの3点です。

この3点のメモを収集し、どんなツールを作るか、内容や文言を決めていきました。

実行段階で気がつくことは次のヒントになります。こうしたヒントを逃さないようにメモを取る習慣を付けることが重要です。

⦿日記や日誌は効果的な振り返りのツール

日記や日誌を付けている方は、是非これを振り返りのツールとして活用してみてください。業務で感じたことを一日に一つ記録するだけでもたくさんのヒントを得ることができます。ただ、多くの会社で日報を見せていただきますが、スケジュールの確認や議事録のように、いつ何をしたのかが中心となっており、次の改善につながりにくいものがほとんどです。そこに「今日の気づき」を追加するだけで、仕事のあり方やアイデアのヒントにつながることがあるのです。

「今日の気づき」は何でも結構です。お客様から受けた質問やお褒めの言葉、業務中にヒヤッとしたこと、こうした方がよかったなと思ったこと、一日業務を行う中で何かしらの気づきがあったと思います。一つひとつは小さな気づきかもしれませんが、集めると大いに役立ちます。

こうした気づきを集めておき、定期的に集計して振り返る時間を、社長や幹部には持っていただきたいのです。定期的な振り返りをしている会社もありますが、記録があるのとないのとでは振り返りの精度が異なります。

⦿日々の気づきがないのは危険な状態

こうした気づきの記録を提案した場合、「毎日そんなに気づくことはない」と言う方がいます。

「気づき」と言われると、とても大層なものと考えてしまう人や、そもそも気づくことなどないと言い切る人、書くならきちんと書きたいと形にこだわる人、この3パターンになるでしょう。

まず、小さな気づきと小さな改善が会社を良くしていくのであって、気づきがないということは、意識をせずに惰性で仕事をしている表れでもあります。

社長だろうが従業員だろうが、日々の仕事で何を感じるか、どうしてそう感じたのか、この気づきを意識することで仕事に対する見方が変わります。

どれでも構いませんので次の項目のうち、毎日一つメモを取ってみましょう。

- □嬉しかったことや楽しかったこと
- □腹が立ったことや気にさわったこと
- □ヒヤッとしたこと
- □面倒だと思ったこと
- □これは良いやり方だと感じたこと
- □この言葉や行動はいいなと感じたこと
- □もっとこうしたらよかったと感じたこと

この章のポイント

- □ 実行は、「とりあえずやってみる精神」が重要
- □ 実績と計画の乖離が、自分達の感覚と現実とのズレを教えてくれる
- □ 新しいことへの取り組みは社内の混乱を巻き起こすもの
- □ 実行は、社長の情熱、執念、行動で決まる
- □ 実行の大敵は「忘れること」
- □ 実行の継続には見える化が大事
- □ 実行の繰り返しは時間を決めてタスク化すること
- □ 実行には必ず期限を切ること
- □ 実行は、人を巻き込むほど忘れなくなる

- □「いつでもいい」はやめる
- □「やれない」は改善のヒントになる
- □あなたの当たり前は、常識ではないことを知る
- □部下の「わかりました」は、一旦疑え
- □「面倒くさい」のもとになっている業務の負荷は、やり方次第で解消できる
- □実行は、気づきのメモ書き習慣で、次のCやAに活かし切る

第4章

PDCAの習慣化は結果検証で9割決まる！

01

「検証活動」次第で生産性は上がる！

検証活動の目的は一つです。

効率的に、スピーディに結果を出す最良の行動を話し合い、生産性を高めることです。

行動結果をもとに話し合い、次のアクションに活かす。今いる人材で短期に生産性を上げる方法を見つけられるかどうかが、中小企業の生命線になります。

社長に限らず、部下をマネジメントする幹部やマネジャーにとって、**部下の素質やスキルレベルにとらわれず人材育成するための最強の武器こそＰＤＣＡです。**

究極、ＰＤＣＡは、誰でも生産性のスピードを上げることができ、今より良い価値を作ることに意味があります。

▼検証活動の流れ

検証活動は大きく3つの段階に分けて行います。
細かいポイントはのちほどお伝えします。まずは全体の流れを押さえてください。

①進捗状況を確認する

計画された、もしくは前回に決定した、今回までにやっておくべき施策の進捗状況を確認します。**確認する内容は、いつ、誰が、何を、どのようにして、どういう成果が出たのかです。** ここでは、純粋な事実を確認します。

事実確認を重視するのは、反省や感想が先に立つと議論がそちらに流れてしまうためです。
まずは、事実を事実として把握することが必要です。

②発生した課題への対応を考える

状況を確認すれば、問題や課題、改善すべきポイントが見えてきます。

これをもとに、次回以降「どうすれば良くなるか?」を検討します。

やれるのにやっていないことがあれば、どうすればできるのかを考えます。わからないことがあれば、どうやって調べるかを考えます。そうした「どうすれば良くなるか?」を、いつ、誰が、何を、どのようにして、どういう成果を求めるのかに沿って決めていきます。

③次回までにやることを決定する

会議の目的は決定することです。

決定なき会議は雑談です。②で話し合ったことをもとに、次回までにやることを決めます。

また、計画されていた内容で次回までに着手すべきことについても確認を行います。

こうして次回までにやるべきことが決まり、この決定事項が次回の検証対象となります。

02 忘れ去られることが最大の問題

PDCAの習慣化は、見つめ切ることができるかに大部分かかってきます。

第3章でもお伝えしましたが、PDCAにおいて怖いこと、途中で頓挫してしまう最大の原因が「忘れる」ことにあります。必ず検証する日をタスク化して、会社の未来会議なのだと意識していくことが肝になります。

▼まずは見つめ切ること

◉やりっぱなしに成長はない

「見つめ切る」の反対は、「やりっぱなし」です。

やりっぱなしに成長は伴いません。そのとき限りで終わるからです。時と運、そのときの勢いや人で結果が変わるやり方では、いつまで経っても仕組み化できないし、会社は発展できません。

仕組み化はスピードを速め、生産性を上げるために必要なのです。

そうするための会社全体の習慣化がＰＤＣＡの本質だということを知ってください。やりっぱなしは悪なのです。

「見つめ切る」とは、意識を変えていくための訓練だとも言い換えられます。意識変革が行動変革になり結果につながっていく。

また、仕事ができる人こそ見つめ切るのが苦手で、経験の豊富さが見つめ切ることを邪魔してしまうことが多々あります。

仕事柄、採用についてアドバイスを求められることがあります。

どんな人が良いかという条件は会社によって様々あると思いますが、私は、「少々のスキル差、頑張れば短期で身につくスキルであれば、『素直な人』を絶対選ぶべき」だと伝えています。

経験豊富な即戦力が中小企業にとって重要なのは確かです。

よくある話ですが、ある小売現場で同時期に2人の従業員が入社しました。一人は40代半ばで百貨店勤務経験が長く、もう一人は高校を卒業したばかりの新人さん。はじめは、即戦力を発揮して40代半ばの方が活躍します。

しかし、時間が経つにつれて問題が生じてきます。自分の意見をどんどん発言する良さがある一方、人の意見を素直に受け入れず自分のやり方を押し通そうとする。会社の行動方針も自己流に変え始めていく。プレイヤーとしては優秀であり、一人でどんどん先に進むのですが、組織として前に進めるのは不得意なのです。

一方の新人は、明るくまじめな性格で、コツコツとメモを取りながら学んでいく。社長や先輩からのアドバイスも真摯《しんし》に受け止め、良いものは良い、悪いものは悪いという客観的な判断をしていく。

PDCAを回す上で大切なのは、「一人が100歩前進」以上に、「10人が10歩前進」のマインドであり文化です。ですから、即戦力で経験豊富な人材をきちんと巻き込むためにも社長の覚悟が試されます。

◉「見つめ切る」ことでお客様が近づいてくる

計画は最低月に1回は振り返ること。

習慣化には繰り返しが必要であり、やるべき行動ができたか、どのくらいできたか、どんな成果があったのかを振り返る時間は必ずタスク化しましょう。

驚くことに、「見つめ切る」ことを続けていくと、世間やお客様からの声や情報に視点が向いて、問題や課題の本質が必ず見えてくるものです。

普段どれだけお客様の要望を知らずに仕事をしていたのか、アイデアを練っていたのかを痛感できるようになっていきます。

「見つめ切る」習慣が会社全体の成長につながるのです。

「見つめ切る」ことを習慣化できれば、PDCAが4割成功したのも同じです。これは非常に大事なことですから忘れないでください。

▼PDCA失敗の9割は忘れてしまうこと

⊙防止策は社長自らスケジュールを確認しないこと

中小企業の社長はとにかく忙しい。

プレイヤー兼マネジャー兼経営者の三者兼任であり、一つひとつの予定や計画を忘れずにいること自体が不可能です。

そのために絶対必要になるのが、**自分の代わりにスケジュールを確認し教えてくれる秘書的な存在です。**

PDCA失敗の原因の9割が、忘れ去られてしまうことにあります。秘書採用は無理でも、従業員一人、アルバイト一人にでも、社長のスケジュールの確認、伝達をする役目を義務化させることを提案しておきます。

⊙忘れ去られることが最大の問題

「見つめ切る」日程を決めずに流れ作業にしてしまうと、取り組みは間違いなくそのまま忘れ去られてしまいます。繰り返しになりますが、忘れること自体が問題なのではなく、忘れ去られることが問題なのです。

▼確認に社長やリーダーの執念が表れる

⊙チェックのない計画・行動は完遂されにくい

PDCAの大敵、取り組んでも挫折する原因の9割は、その場限りの計画にあります。確認とは、PDCAの大敵である「忘れ去る」を防ぐもので、社長もしくはリーダーの執念と情熱の表れです。特に、社長自体がPDCAなのです。

計画作りには時間がかかります。時間をかけて考え、従業員を巻き込むなど様々な手間がかかります。チェックできないのであれば、最初からやらないことです。

◉続かない社風から脱却する

今の社風や従業員の姿は、社長の姿そのものであり、社長の従業員に対する接し方が表れています。

ある幼児教室で聞いた次の話は、ビジネスにかかわらず人の教育への示唆《しさ》に富んでいます。

2歳児でも入学した段階からハッキリ行動に違いがあるようで、ある課題を与えたときに、目をキラキラさせて取り組む子と、周りの子の様子を窺いながら恐る恐る取り組む子がいるというのです。

観察してみたところ、子供を迎えに来るときの親の姿に差があるとわかりました。

目をキラキラさせて課題に取り組む子の親は、「今日はこんなことがあったよ」などと報告する子に対し、「へぇ～そんなことがあったんだ。良かったね」と前向きな言葉を子供にかけているのです。

一方、恐る恐る課題に取り組む子の親は「グズグズしないで早くしなさい」とか「お兄ちゃんが待っているのにあんたは何でそうなの」と後ろ向きな言葉ばかりを浴びせていました。

ダメ社長は、従業員がダメだとぼやく方がほとんどです。

優秀な社長は、人材を見つけるのではなく、今いる人材から掘り起こしています。

従業員には任せられない。自分がやった方が早いなどと考えているうちは、ＰＤＣＡは間違いなく成功しません。

このことからおわかりのように、ＰＤＣＡは社長の思考の変革から始まっているのです。

ＰＤＣＡは社長自身を変えていく。ＰＤＣＡは社長のマインドが9割なのです。

◉個人特別ルールを許すな

会社がある程度発展し、大きくなるにつれて足かせになる問題が見えてきます。

それは、個人特別ルールです。

この個人特別ルールが発生していないかを必ずチェックしてください。つまり、あの人は例外だとか、あの人は創業メンバーだから致し方ないなどと従業員が思う働き方、会社のルール無視の姿勢です。

こうした個人特別ルールが蔓延《まんえん》している会社は危険な状態です。

社長が何かをやろうと考えても、従業員はその通りに動いてくれません。こうした個人特別ルールに対して毅然と対応しなければ、会社は内側から腐っていきます。何か変化を起こそうとするとき、常に敵は内側にあるという意識を持ってください。

⦿毅然とした態度で接すること

個人特別ルールの撲滅《ぼくめつ》には、周りに対して個人特別ルールを認めないという社長の意思を表示し続けることが重要です。

話し合いの際には、議論や感情的な意見の押し付けではなく、きちんと相手の意見に耳を傾けながら、粘り強く誠実に「やれない理由」を聞き出して潰していくことです。

従業員「～という理由で意味がないと思います」

社　長「そういう見方もあるんだね。でも実際にやったことがないからテストも兼ねてやるんだよ。だからやってね」

ポイントは、相手が色々な理由を述べてくることに対して、そういう考えもあるんだねと受け止める傾聴にあります。

その上で「でもやってね」と返すことが大切です。

「そうですね。でもやってね」

これを繰り返すだけで不毛な議論を繰り返すことが少なくなります。

最終的には、「ご意見はわかりました。でも仕事なのでやってくださいね」と切り上げることです。

「これは業務命令です」と、むやみに命令を振りかざすのは良くありませんが、給料を支払っている以上、毅然とした態度で実行を求めることは正当な権利です。

第3章でお伝えした「いや」「わからない」「面倒くさい」の三大理由を除外していく必要があります。それでも動かないときは、やはり最終的に「業務命令」として毅然と処罰します。評価を下げる、始末書を取る。目に余るようでしたら減給や出勤停止などの重い処分を科さなければなりません。そうしたことも伝える必要があるでしょう。

「まじめな人が損をする」環境を作ってはいけません。

⦿やってくれたことに感謝は必須

検証報告の場では、決められたことをきちんとやった人は必ず褒めることです。

ちょっとした成果でも褒めていくことです。やってくれた人には、満面の笑みで感謝と評価を伝え、やらない人には、毅然とした態度で指摘します。メリハリをつけて「きちんとやらない人が損をする」環境を作ることを心掛けていくことです。

03 「どうすれば良くなるか？」

▼反省は不要！「どうすれば良くなるか？」に絞り込む

⦿必要なのは「どうすれば良くなるか？」

検証活動でやってはいけないことは反省であり、言い訳です。やるべきは、もっとどうすればいいかを考え、ひねり出すことです。

結果報告に対して、「なぜ、できなかったのか」を叱責する会議はNGです。叱責された方は反省や言い訳しかできなくなります。そして、上司から「次は頑張れ」という言葉で締めくくられておしまいになる。

そもそも、実行できなかったという結果なのであれば、考えていた施策を実行するだけの力が今の会社にないという理由も考えられるし、結果を出すまでの手段や方法を従業員に無理に押し付けていて、納得して行動していなかったという場合もよくあるのです。

また、本書のはじめに述べた通り、物事が最初からうまくいくことは滅多になく、計画の4割回せれば成功という視点を忘れないでください。

▼検証の禁止ワード ～上司の「気づけ！」と部下の「頑張ります！」

検証活動において、思考を停止させる禁句が他にもあります。

それは、上司の「気づけ！」と部下の「頑張ります」です。

どちらも具体性がなく、多用されがちな言葉であり、ともに、深く考えることを放棄した言葉です。

「気づけ！」が問題なのは、人それぞれに「当たり前」レベルが違うためであり、具体的な気づきの方法と頑張り方を示せない議論は全く無意味であり、「いつ、誰が、何を、どのようにを」をきちんと説明できることが重要になります。

⦿具体化の次は理解度の確認をする

具体的に話すことで自分の理解度を確認することができますが、問題は、聞いている側の理解度にあります。人は自分が思っている以上に理解できていないことが多々あり、わかった気になっているだけの場合もあります。

それを前提に、**今日話し合って決めた内容を誰かにアウトプットすることを課してみましょう。1週間以内に3人にアウトプットすることがベストです。**

セミナーや研修、あるいは本でも、インプットした知識は何となく理解した気になっているだけで、翌日にはほぼ忘れていることが多いものです。

アウトプットなしのインプットは記憶に定着しないのです。

▼検証は「主語」を自分にすること

検証活動において、大事なルールがあります。

検証で使う言葉は、他人を主語にせず、自分を主語にすることです。

⊙ダメな人ほど主語が「他人」

検証活動の説明の主語が他人である人は、

「社員が」動かないから業績が上がらない。

「人通りが」少ないから業績が上がらない。

「景気が」悪いから業績が上がらない。

というように、うまくいかない理由を外因のせいにしてしまいます。

反対に、主語を自分にすることで、うまくいかない原因を自分の力不足に置き換えることができます。そしてこの力不足もうまくいかないことの大きな要因になり、何が不足しているのかをはっきりさせることができます。

検証活動のテーマは「次にどうすれば良くなるか?」です。「次にどうすれば良くなるか?」ということは、自分に何らかの不足があることを知っているからこそ考えることができます。

▼アイデア出しの段階は否定しない

「次にどうすれば良くなるか?」を考え、様々なアイデアを出していくときに注意すべき点があります。

アイデア出しの時点では、そのアイデアを否定することはNGです。

些細なアイデアや、できるわけないじゃないかと思えるくらい非現実的なアイデアから発想が転換され、奇跡的なアイデアにつながるパターンが多いからです。

⦿アイデア出しでは「イエス・アンド」が原則

アイデアを出す段階では、「イエス・アンド」が基本的なルールです。

アイデア出しの段階から否定をしてしまうと話が続きません。

もともと不確実性の高い思い付きを発案するのですから、細かい点を突かれると簡単にアイデアが殺されてしまいます。

「イエス・アンド」のイエスは相手のアイデアを否定しないこと、アンドは相手のアイデアに対して自分のアイデアを重ねることです。

また、相手のアイデアを肯定しつつ、「しかし」や「でも」で否定してしまう「イエス・バット」をする人がいますが、これもNGです。

「イエス・アンド」で相手のアイデアに不備を感じれば、アンドの段階で自分のアイデアを重ねて不備を補う。

「イエス・バット」では、否定した相手に考えることを丸投げしてしまい、自分の思考が中断され、相手が嫌になればそこで終了になります。

誰でも自分が否定されることは気分が良いものではありません。

「イエス・アンド」であれば、相手に対する否定がなく、雰囲気も良く、気持ち良く会議が進んでいくものです。

▼アイデア実現への4ステップ

アイデアは、次の4段階に分かれて実現されます。

①可能性を探る段階
②アイデアを実現するためのデザインをする段階
③デザインのリスクを検討する段階
④決まったことをやり切る段階

順を追って説明していきましょう。

①可能性を探る段階

この段階では「イエス・アンド」のルールの下、否定をせずにどんどんアイデアを出して膨らませていきます。実現できる・できない、リスクがある・ない、という視点は忘れてください。この段階のアイデア出しは、スパークさせることが目的です。論理的な反論は不要です。

②アイデアを実現するためのデザインをする段階

ここは、アイデアを実現するために必要なビジネスモデルをデザインする段階です。そのアイデアを実現させるために、何が必要なのか、どういうことをやらなければならないのかを検討します。

こんなイベントをやったらいいのではないかというアイデアが出たとして、それを実現させるために、どのような会場が必要か、ゲストは誰でどういうアプローチが必要か、機材や人員はどうするか、必要なお金はどのくらいかなど、実行に当たって必要なものや段取りを考えていきます。

この段階でも否定的な意見は不必要で、何が必要かだけを考えてください。最終的な判断は次の段階で下します。

誰でも頭に絵が描けるようにするのが成功の基準です。

③デザインのリスクを検討する段階

いよいよここから、否定的な目線を入れる段階になります。

デザインされたアイデアに対して、様々なリスクを検討してデザインを補強していきます。

そして、最終的に実行するかを決定します。

決定に当たっては、次の3つの視点を参考にしてください。

■「できるか」「勝てるか」「儲かるか」

デザインを補強しても、最終的にできないものであれば実行する意味がありません。

自社の力だけでなく、協力業者などの外部の力を使ってできることもありますが、それでもできないのであれば、実行は難しいでしょう。ただし、温めておいて、力を付けて挑戦するという方法もありますから、アイデアのストックとして保管しておきます。

続いて、実行しても、ライバル会社に勝てなければお客様を得ることができません。

相手にはできないこと、例えば技術的に難しいことや、売上高の規模が小さ過ぎてライバルにとってうま味がないなど、何らかの勝てる要素がなければ「やらない」という判断になります。

最後は「儲かるか」です。

会社は最終的に収益を出さなければ続けることができません。工夫をして実現させ、ライバルに勝ったとしても、最終的に儲からないのであればやらない方がマンです。

こうした3つの視点を参考にリスクを検討する必要があります。

④決まったことをやり切る段階

リスクを検討し、GOサインが出たアイデアを実行に移す段階です。

ここからは、とにかく動かすことです。その動いた結果から次の検証活動が始まります。

▼お客様の声が最強のヒント

実行では様々なお客様からの反応を得ることができます。お客様からの反応を次に活かすためのヒントをご紹介します。

⦿9割の人は何も言わない

一般的に9割の人は、疑問や不満を感じても何も言わずに去っていきます。つまり、何かを言ってくれるお客様が一人いれば、その後ろには同様のことを考えている9人のお客様がいるわけです。

お客様から受けた感謝や質問、不満は、そのお客様一人の意見ではなく、10人の意見を代表していると言ってもいいでしょう。

「お客様から、よくこんな質問を受けます」と教えてくれる社長がいますが、それは検証・改善の最大のヒントです。お客様が質問しなくてもすむ仕組みをすぐにでも作るべきです。

また、お客様の意見や不満には、「売れない」ではなく「買えない」状態に陥っていることを表しているものがあるかもしれません。購買後の意見や不満であれば、お客様は黙って去っていく可能性が大です。

お客様の言葉は軽く考えずに、きちんと向き合うことが重要です。

⦿例外にこそ新しいビジネスが潜んでいる

実行すると、計画段階では思いもよらなかったお客様やニーズを掘り起こすことがあります。その思いもよらなかったことを再現できないかを考えることも重要です。

思いもよらなかったことが起きたとき、多くの方はそれが例外だったとか、運が良かったと判断します。

例外や運をそのままにせずに、それが本当に例外なのか、再現できないのかと、一般化できる方法も考えてみることです。

⦿70点を超えたら違いはわからない

お客様が求めるポイントと、プロがこだわるポイントが異なることがよくあります。

これは職人気質な方やまじめな方に特に多い。

美容室を例にした場合、A店は高い技術力をウリにしており、技術点数は90点。対して、B店の技術力はせいぜい70点といったレベルにあった。しかし、実際に売上が伸びているのはB店だったという話です。

なぜか？

B店は、技術力だけではなくコミュニケーションを大切にしていた。愛想の良さが評判を呼び、次々と新しいお客様が来店。リピーターも増えていたという事実です。

プロから見れば技術力の差は大きなポイントでも、お客様から見ればA店とB店の技術力に大きな差は感じられません。ある一定水準に達していなければお客様は不満を感じますが、その水準をクリアしていれば、それ以上の違いを理解できるお客様は少数派となります。

自分や会社のこだわりがお客様に求められているのかを検討することは大切です。

04 動かなければアイデアは活かされない

▼次回までにやることを決める

会議の最後に、次回までにやるべきことを決めます。

会議の中で実行を決定した施策や、もともと計画されていた内容の着手スケジュール（段取り）、誰が何を担当するかについても確認していきます。

詳しくは第2章で述べていますので、ここでは要点だけまとめておきます。

□ **必要な段取りとスケジュールは共有されているか**

□ **わからないことは調べるという段取りを設ける**

□ 段取りの目標と実行の目安は共有されているか
□ 今の通常業務に上乗せして対応できるのか

▼記録を残しておく

決めたことはきちんと記録に残しておきます。

担当者、実施施策、スケジュールや期限を記載しておきます。次回の会議で漏れなく確認することができます。

この章のポイント

- □ 検証活動の目的は「どうすれば良くなるか?」を話し合い、生産性を高めること
- □ 「見つめ切る」ことを習慣化できれば、PDCAは定着する
- □ 実行を忘れるより、施策が忘れ去られることが怖い
- □ 検証(振り返り)は、社長やリーダーの執念で決まる
- □ 「まじめな人が損をする」環境は作らない
- □ 反省も言い訳も不要。必要なのは「どうすれば良くなるか?」だけ
- □ 人はそれぞれ「当たり前」レベルが違う
- □ ダメな人ほど主語が「他人」。検証は、主語を「自分」に変えて考える
- □ アイデア出しでは、否定はNG。「イエス・アンド」が原則
- □ 反応してくれるお客様の声が、検証の最大のヒントになる

第5章

目標の4割でもやり切ると人も会社も変わる！

01 もっとも大切なのは「やり切る」癖付け

コンサルタントとして様々な会社を支援していく中で、**簡単なようで一番難しいのは、「やり切る」癖付けを身につけてもらうことです。**

当たり前なことを当たり前にやる。やった方が売上が増えるとわかっていながらできていないことをやってもらう。至極簡単に思うかもしれませんが、なぜかできない。

驚くほど「やり切る」会社、「やり切る」社長が少ないのです。そのため、いつまで経っても同じことを繰り返してしまうのです。

▼「できるのにやっていないこと」をやり切る

よく聞かれる質問に、「何か、これをやったらうまくいくことってありませんか？」というものがあります。大きな効果がすぐに見える方法を求めてしまうのは人間の常ですが、残念なことに答えは決まっています。

それは、必ずうまくいく方法があったら、自分でこっそりやって億万長者になっているということです。そのような質問をする社長ほど、できるのにやっていないことだらけです。

「できるのにやっていないことをきちんとやり切る」こと。ここをきちんと認識し、すぐに実行することなのです。

■ノウハウは定着しなければ意味がない

業界別にノウハウはたくさん転がっています。情報も飛び回っている。人により会社により成功体験もたくさんあります。

仮に、他人や他の会社の成功ノウハウを実行したからといって、成功する確率は低い。理由は、会社の置かれた状況、社内の状態、実力、人材の有無がバラバラだからです。

条件がバラバラである以上、うまくいく方法もバラバラなのだから、他社の成功事例や取り組みは参考程度に留めておくことです。真似をするにしても、当社にとって有益かどうかの判断が大事になります。

社長の性格や会社の風土の違い、働く人達の性質に合うのかどうか、何より実行する人達が納得しなければ、たとえ一時的に成果が出ても、組織風土に合わない改革は定着が難しい。どんなに良いノウハウや方法でも、定着しなければ一過性のもので終わってしまいます。

ポイントは**「無理・無茶は続かない」**ということです。

長く続けるコツは、無理・無茶と思えることは捨てて、頑張ればできるかもしれないに留めておくことです。まずは自社でできるレベルに落とし込み、定着させながらレベルアップを図るのがよいでしょう。

■やり切る力がない

新しいノウハウは、トライアル&エラーを繰り返しながら自社に合わせてカスタマイズし、定着させていく必要がありますが、そもそもノウハウをやり切ることができなければ、カスタマイズもできません。

新しい方法を次々に勉強して取り入れる社長がいますが、半年もすれば何もなかったように元通りになってしまう。会社に「やり切る」癖がないため、このようなことになってしまうのです。

「やり切る」癖がない会社に、あれこれノウハウを入れても効果がありません。穴の空いたバケツに水を入れるようなものです。まずは穴をふさぐ。やり切る癖を付けることが大事です。

■最初に取り組むべきことは、「できるのにやっていないこと」

売上を増やす最大のコツは、「できるのにやっていないこと」に気づき、PDCAを回すことです。

いきなり明日の100を目指すのではなく、今やるべきことの70なり80を目指していく。**最初は、今より30％良くする、を合言葉にして基本に徹するのです。**

■売上が増えるのではなく、戻る？

できるのにやっていないことを片付けていくと、売上高や利益が必ず増加します。一つひとつは小さなことでも、小さな改善が集まれば仕事の効率が高まり、お客様へのサービスが向上します。そうした積み重ねが数字に表れていく。

できるのにやっていないことをクリアしていくだけで、本来作り出せる売上高や利益に戻っていくのです。

こうしたことが当たり前になってくると、ノウハウが役に立つようになります。社内になかった外部の知見を取り入れて売上高や利益を上げる段階です。

■お客様の声が新規事業になる

「何か新規事業をしたいのだが、どうしたらいいのか?」と相談を受けることがあります。新規事業を考える場合、今のお客様の声を拾い集めていくことが一番の近道です。今ある商品やサービスを深めていけば、そこから枝葉が出てきます。それを膨らませることが新規事業の近道です。

新しいマーケットに商品やサービスを投入するより、既存のマーケットに違う商品を投入することを考えてみてください。

隣の芝生は青く見えるという言葉があるように、自分達が関わっていない事業は良く見えるものです。当然ながら、どんな事業にも競争があります。勝手知ったる自分の事業でうまくいかない人が、新しいことに取り組んでもうまくいきません。新規事業には大きな予算も付いて回ります。

事業は、ポジショニングの取り方次第で命取りになるケースもあります。そのため、自分の会社が勝てるポジション、勝てる領域、勝たなければならない領域からむやみやたらにはみ出して新規事業に打って出るのは危険です。

何度も繰り返しますが、まずは、やり切る力を付けることです。

新しい取り組みはその次にしましょう。

02 最初は下手くそでいい

物事を始めるときには、最初から完璧を目指してはいけません。

先にも述べましたが、またタイトルにもある通り、決めた計画の4割達成できれば軌道に乗っていきます。6割うまくいけば完璧という意識で十分なのです。

ただ、**気をつけていただきたいのは、予測以上にうまくいった場合です。**

なぜ、気をつけなければならないのか？

それは、計画を含めた戦略の素晴らしさでうまくいき過ぎたというよりも、外部環境が味方したからだったり、思わぬチャンスが舞い降りてきてうまくいったという場合があるからです。そこをきちんと冷静に見極めることです。

大概、最初は誰でも未熟でうまくいかないものです。不細工でも頑張って続けていくこと。最初は下手くそでいいのです。

⦿3時間で作った計画で収益アップ

きちんと考えて実行するのであれば、短時間で考えた計画でも十分効果を発揮します。

例えば、売上高を増やすために何をすべきか悩んでいた小売店がありました。

ふとしたきっかけで、アドバイスのみのヒアリングになりましたが、やればできるのに取り組んでいないことが浮き彫りになりました。ご夫妻ともに、日頃からやった方がいいだろうなと考えてはいたそうです。

そこで、改めてやったらいいことのアイデア出しの整理と、そのアイデアをどのようにしたらできるかを考え、たったの3時間でＰＤ（計画と実行）をスケジュール化しました。

私は、できていてもできていなくても、月に一度のＣ（検証）、つまり、振り返りの時間を作っていくことを伝え、Ｃの原則である、もっとどうすればいいかを考えてスケジュールを組み立てていくことをお勧めしました。

その1年後、売上高が順調に伸びているとの報告を受けました。

ご夫妻ともに実直にできることを先送りにしていたことに気づき、ＰＤＣＡを回していく

ことの大切さを痛感されたようです。

⦿小さなコミュニケーションを続けていたら大きな効果が生まれた

ＰＤＣＡを回す上で、いかにＣが大事かについて参考になる事例があります。

従業員８人のある会社では、コミュニケーションの一環として、年始に「今年の目標」を全員で共有していました。目標は、仕事に限らずプライベートでもＯＫで、草野球の成績や釣りに行く回数、読書など、様々な目標が挙がるそうです。

そして、この目標に対する状況を毎月の全体会議で報告しているというのです。

その結果、従業員間の人間関係がより円滑になり、何か始める際にも団結心が生まれ、互いに補いながらスムーズに進んでいます。

何より大きな効果として、目標を立て、チェックと振り返りをするという習慣が従業員全員に浸透したことが挙げられます。

ＰＤＣＡのＣとは、検証と振り返りとは別に、コミュニケーションのＣが促進される意味合いがあるのです。それにより納得と団結心が生まれます。もちろん、先に述べましたが、

チェックされることで最大の敵「忘れる」を防止できるため、仕事に関係なく日常においても習慣が変わり始めます。

⦿見つめ切ることの効果

中小企業は、経営者の判断ですべてが決まると言っても過言ではありません。

そのため、判断材料になる情報、現状認識に関わることをきちんと見つめ切ることをやり続けてこそ、正しい判断ができるのです。

しかし、中小企業の社長は現場の主力プレイヤーでもあり、全体を見渡す機会が少ないのも事実です。そのため、「任せている」という名目の「放置」が増えてしまい、気がつけば自分の会社なのに状況がよくわからないということも少なくありません。

ある販売業の社長は見つめ切る中で、業務のルールが勝手に変更されていることや、個人特別ルールが蔓延している事実に愕然《がくぜん》とした、という事例もあるくらいです。

その社長は、「上がってこない情報があるということは、目隠しをされているようなものだ」とおっしゃっていたことが印象的でした。

▼救済ルールを作っておく

救済ルールは、諸事情により計画通りには実行できない場合の対応策になります。計画に取り組んでいると、やむを得ない事情でできない日が必ずあります。それを致し方ないでうやむやにしてしまうと、習慣化が頓挫してしまう危険があります。

そのような場合に備えて救済ルールを作っておき、適用するとよいでしょう。

⦿救済ルールの必要性

救済ルールを作る目的は、大きく3つあります。

①モチベーションの維持のため

②良い習慣を手放さないため

③積み重ねる習慣作りのため

これら3つの目的に共通するのは、積み重ねる習慣作りを絶やさないということです。

まじめにコツコツと続けていればいるほど、たった一度の妥協や甘えが思いもしない失敗につながるものです。

一流の稽古を続けている役者や、一流のプロアスリートでも、少しの妥協や甘えが、観ているファンに気づかれてしまうというくらい、努力と継続の断ち切りは怖いものです。

どんな事情があったとしても、ほんの少し、1分であってもプラスαを加えていく習慣作りがモチベーションを下げることなく、習慣化に穴を作ることを防ぎます。

例えば、1・01の365乗という話を耳にしたことがある方もいるかと思います。1年間、毎日1％の努力が、約38倍に成長するという話です。**1・01を365回掛けると約37・8になります。**逆は、0・99の365乗で、こちらは約0・03。毎日1％サボると0・03倍に衰退してしまう。

たった1％でも継続して積み重ねれば大きな差になるという教訓です。

救済ルールはこのプラス1％に当たります。

03 毎年3つ挑戦した先に何があるか

第2章で、計画の作成には、3つの重点テーマを決めて取り組むべきだとお伝えしました。
そして、1年間に3つのPDCAを回していくと、驚くほどの変化が生まれます。

▼働く習慣が変わり、社長以下、会社が成長する

◉新しい知見を得る

計画を見つめ切り、忍耐強くやり切ろうと挑戦していくと、1年前とは明らかに違った光景が見えてきます。

大きな理由は、働き方の習慣が変わることです。

もちろん、知らなかった知識や経験が増えていくため、この知識や経験を活かしてより精度の高い計画や施策を考えることが、PDCAのポイントでもあります。

また、計画書は見積書と同じだとお話ししましたが、最初に作成したときは30点で御の字であったものが、新しい知識や経験を活かして40点、50点の見積にすることができていきます。

0に何を掛けても0のままですが、1を生み出した後は、その後の成長次第で何倍にもなるのと同じです。

⦿年々社長のレベルが上がっていく

短期的な目標達成に固執してPDCAを回さない人よりも、計画の4割の成果を念頭に、やり切る習慣を身につけてきた人の方が確実に大きく成長します。

そして、目に見える結果が出ることで、一つひとつの努力の点が線になり、面になり、適正な評価ができていく。会社全体のモチベーションが格段に上がるのです。

このPDCA効果は、実施前と後で、数多くの社長を見てきた私に大きな示唆を与えてくれます。それは、社長の経営判断レベルが見違えるように上がっていくという点です。

中には、従業員から能力がないダメ社長と陰口をたたかれていた社長や、冗談のようですが、コンサル訪問前日に、毎回、社長の母親から心配の電話がかかってくるような社長達でも、3年も経つ頃には、そのようなことはなくなりました。

▼社長がやるべきこと

ＰＤＣＡの効果は、社長や幹部の「やるべきことが何かわかっていない」が解消され、具体的に明確な経営判断ができるようになることです。

⦿経営判断の遅さとまずさが会社を潰す

厳しい状態に陥っている会社には様々な原因があります。

特に会社を潰す致命的な原因の多くは、経営判断の遅さとまずさにあります。

社長の仕事は経営判断です。

船で言えば、船首に立ってどの方向に会社を引っ張っていくか、危険を察知し針路を素早く切り替える指示が出せるかが社長の最大の使命になります。いかに立派な船を持っていても、優れた人材を揃えていても、進むべき方向を間違えれば、船は沈没します。

方向性とヒト、カネ、モノ、情報など、経営資源の使い方を考える計画、実行段階で起こる様々な事象への対応、実行から得られた情報をもとに振り返り、次の手を打つ。

このサイクルを素早く回すことで経営判断の遅れを防ぎ、実行から得られる情報によって精度を高めてまずさを回避していく。

このPDCA習慣を身につけることは、絶対に会社を潰さないための社長の大原則なのです。

⦿ゼロイチの仕事は社長の仕事

海のものとも山のものともわからない、ゼロの事業をイチに変えるのは社長の仕事です。

私は、PDCAの習慣化に成功し、一度でも回せた社長には、毎年何か一つ投機的な挑戦を計画していくことをお勧めしています。

それは、**常に挑戦と成長なくして中小企業の未来はないからです。**

本章第1節で、新しいマーケットにチャレンジするより、既存のマーケットに違う商品やサービスを投入することをお伝えしたのとは矛盾しますが、1年間のスパンを目安に、今やっている事業に近い、新しい商品やサービスを検討してみるのです。お客様の声に対応することで新規事業を模索するのとは逆に、当社から新規事業を模索するわけです。

理由は2つあります。

一つは、新しい領域のことに挑戦すると新しい知見を得ることができるからです。

この知見が既存事業の改善のヒントになる可能性があります。

もう一つは、その新しい商品やサービスが成功すれば、新しい成長の機会となり、新しい事業には新たな人材の確保が必要になるからです。

つまり、雇用が生まれるということです。雇用を作るというのも会社の立派な社会的使命です。

ただし、注意点があります。

この新規プロジェクトは、社長個人の計画の中で進めていくことです。

全社の経営資源を全力で投入してやるものではありません。あくまでも次の成長機会を探る種探しであり、新しいビジョン作りです。

そのため、実行の中心は社長一人です。もしくは右腕となる経営幹部とだけで進めることであり、人任せはNGになります。

常に先を見通していく。これは社長にしかできません。

◉経営は現時点を引っ張りながら先を見る

今の会社を動かしながらも、今後3年先、5年先を見据えて計画を巡らせておく必要があります。その習慣付けにもPDCAは役立ちます。既存の事業でやるべきことをきちんとやる。正しい努力は必ず売上につながり利益を生みます。その土台があればこそ、先の未来を思考できるのです。

◉大切なのは続けること

ＰＤＣＡに終わりはありません。周りの環境が変わるように、私達自身も変えていかなければいけません。会社をやめる、事業をやめる、その日までサイクルは続きます。目標を達成したと喜んで安心し、サイクルを止めてしまう人が意外にたくさんいます。その逆に、うまくいかなかったからとすぐに諦めて、サイクルを止めてしまう人はその何倍もいます。

成功も失敗も終わりではありません。大切なのは続けることです。

この章のポイント

- □「できるのにやっていない」ことをきちんとやり切る
- □「できるのにやっていない」ことをやり切るだけで、売上は伸びる
- □計画の４割達成できれば、軌道に乗っていく
- □予測以上にうまくいったら冷静に理由を見極める
- □ＰＤＣＡは、社内のコミュニケーション促進に貢献する
- □「やり切る」癖付けには、救済ルールも大切
- □１年間に３つのテーマを立て、ＰＤＣＡを回せると驚くほど成長する
- □ＰＤＣＡ習慣のある社長は、絶対に会社を潰さない

おわりに ～居酒屋で聞いた社長の話が一番タメになる

経営の勉強がしたい。今抱えている会社の課題、リーダーとしての課題を解決する糸口を見つけたい。

そう思いながら、書店やアマゾンで本を探して、買って読んでみる。ＰＤＣＡだって何度か本を手にして勉強しようと試みている。

確かに参考になるし、学びを得られることが多い。でも、何かしっくりこない。今まさに自分が欲している問題解決にリンクしない。会社に適用できる、今すぐやろうと思えるインスピレーションが湧かないのはなぜなのだろう。

コンサルタントをしている私だけでなく、関わってきた中小零細企業の経営者も、個人事業主の方も、皆さん同じような意見を言うのです。だから、本を読もうという意識がないし、なくなったと。

これとは別に、皆さん一様に共感してくださった言葉があります。

それは、「居酒屋で聞いた社長の話が一番タメになる」、でした。

おそらく読者の方の中にも、思い切り頷《うなず》いている人がおられるのではないでしょうか。

私は、30歳手前で中小企業診断士という国家資格に合格。憧れの経営コンサルタントとして独立しました。経営現場の生の声も知らない、経験すらない、部下すら持ったこともない人間が、経営者を相手に、資格勉強の中で学んできた経営理論を武器にしながらコンサルティングする。それなりの自信はありました。

しかし、お会いする経営者、部下をマネジメントしている経営幹部やリーダーから必ず受ける質問が、「先生のおっしゃりたいことはわかりました。それで、結局私達は、明日からどうすればいいのかを教えてください」なのです。

常に現場の最前線で戦い、勝つか負けるかの瀬戸際に追いつめられ、社長をはじめ幹部全員がプレイヤーとしても大変な思いで働く中小零細企業に、大企業の理論や小難しい経営理論、有名経営者のストーリーなどが、今すぐ役立つわけがありません。

彼らが求めているのは生の情報であり、生の体験であり、生のノウハウなのです。残念ながら、そんなニーズに応えている本がないとは言いませんが、なかなか見つからない。

私自身も、いざ独立して最初に思ったのが、明日からどうすればいいのかでした。それにもかかわらず、現場を無視したアドバイスを繰り返していたのです。

そんな中、先輩や社長と飲み歩くうちに、居酒屋で何気なく語るリアルな経営の話や、リーダーシップの話が、何冊も読んできた本以上に響いてくることを知り、その聞いた話をもとにしながら、事例とともに、お客様へアドバイスするよう心掛けたのです。

まさに、リアルな話であり、現場を知る中小零細企業の社長の体験には力があります。恐ろしく具体的であり、即実践可能な、お客様が喜ぶものばかりでした。

難しい言葉を使わずに、彼らから聞いた言葉をそのまま活用しても、見事に通じます。そして、うまくいっていない会社はＰＤＣＡを回せていないことや、回せていない理由も居酒屋で聞いたことであり、計画通りになんていかないことも、４割回せていれば勝ちとの言葉も、全部、生の声から気づかされたことなのです。

本書は、そうした経験、リアルな中小企業の体験談や、居酒屋ネタがもとになり生まれたものです。類書もたくさんあります。

しかし、視点が違います。書く動機となった出所もまた、本書のターゲットでもある中小零細企業の経営者やリーダーと酒を酌み交わしながら聞いた居酒屋なのですから、実に現実的な話です。

何度も挫折した方、ＰＤＣＡの回し方さえわからない方にこそ本書を手に取っていただき、自分もやってみようと思うことが一つでもあれば、著者として幸いです。

２０１９年10月吉日

冨松　誠

装幀／齋藤 稔（ジーラム）
本文デザイン・ＤＴＰ／桜井勝志（アミークス）

■著者略歴

冨松　誠（とみまつ まこと）

経営コンサルタント。株式会社民安経営代表取締役社長。

1982年兵庫県明石市生まれ。神戸学院大学を卒業。ITアウトソーシング会社を経て、税理士事務所・コンサルティング会社に就職。2012年に中小企業診断士資格を取得し、13年より独立。

これまで100社を超える中小企業に関与。7社の顧問も務める。

現在は、PDCAのコンサルタントとしてPDCAを実行するお手伝いを行なっている。特定の業種・業態に囚われず、規模も一人から50名の会社まで対応。顧問先以外にも年間20社程にアドバイスを行なっている。

空理空論が嫌いで、難しいことではなく、その企業にとってできるのにやっていないことを見つけてクリアしていくことをスタンスとしている。

多用な業種を見てきたからこそできるアドバイスと、社長をやる気にさせるミーティングが好評である。

実践経験を踏まえた、行動に移せるヒントが詰まった研修やセミナーも実施している。

校正協力：新名哲明・永森加寿子
編集：田谷裕章

PDCAは、4割回せばうまくいく!
「人・モノ・金」に頼らず願った成果を最短で出す!

初版1刷発行 ● 2019年11月26日

著者
冨松 誠《とみまつ まこと》

発行者
小田 実紀

発行所
株式会社Clover出版
〒162-0843 東京都新宿区市谷田町3-6 THE GATE ICHIGAYA 10階 Tel.03(6279)1912 Fax.03(6279)1913
http://cloverpub.jp

印刷所
日経印刷株式会社

ISBN978-4-908033-44-5 C0034